oct 2012

Titre original : « *Cat's School* », *The Secret of the Crystal Cave*

First published by Munhakdongne publishing Corp., Korea

Mas de Vert
B.P. 150
13631 Arles cedex

Mise en page : Marie Sarlin

ISBN : 2-87730-739-5

Kim Jin-kyeong

L'ÉCOLE DES CHATS

1

Illustrations de Kim Jae-hong

Traduit du coréen par Lim Yeong-hee et Françoise Nagel

Le secret de la Grotte de Cristal

1

Cher lecteur,

Vous avez peut-être déjà eu un animal familier. Un chien, ou un chat par exemple. Et à force de vivre avec lui, de l'appeler par le joli nom que vous lui avez donné, vous avez eu l'impression qu'il faisait partie de la famille. Peut-être même avez-vous écrit son nom sur la boîte à lettres, à côté du vôtre.

« Maintenant, notre minet fait vraiment partie de la famille ! » avez-vous songé avec bonheur.

Bien sûr, il n'en restait pas moins inimaginable que votre chien ou votre chat reçoive un jour du courrier.

Mais, sait-on jamais... Supposez qu'il reçoive pour de bon une lettre ? Une lettre envoyée, non par un être humain, mais par l'un de ses semblables ? A la seconde où vous l'ouvrez, le monde se transforme en un univers enchanté. Un univers où les minets chantent en s'accompagnant à la guitare et font des tours de passe-passe d'un coup de baguette magique.

Eh bien, ce sont exactement les choses incroyables qui se sont passées ! Chez Minjun, justement. Et qui est Minjun ? C'est un petit garçon qui vit à Séoul, la capitale de la Corée. Mais cela aurait pu se passer juste à côté de chez vous...

Une lettre pour Mori

Poum ! Poum ! Poum ! Des bruits de pas résonnent sur le chemin. D'après leur lourdeur, ce doit être un adulte. Ah oui ! C'est le père de Minjun. Il porte sa tenue de randonneur, un sac sur les épaules. Comme aujourd'hui nous sommes dimanche, il doit rentrer d'une excursion en montagne.

— Tiens ? Qu'est-ce que c'est ?

Au moment de franchir le portail, le père de Minjun s'arrête net devant la boîte aux lettres. Il vient de remarquer quelques mots maladroitement écrits sur le couvercle en fer-blanc. Il s'approche pour regarder de plus près et s'aperçoit que ce sont les noms de tous les membres de la famille : Papa, Maman, Nayeong, Minjun, Mori...

Le père de Minjun rit doucement : Mori, c'est le chat de la maison. Et cette écriture un peu gauche, ça ne peut être que celle de Minjun. Son petit garçon est en troisième année de l'école primaire.

Il appelle sa femme dans la cour :

— Chérie, viens voir un peu !

— Qu'y a-t-il ?

— Regarde la boîte aux lettres... Je crois que Minjun commence enfin à aimer Mori. Tant mieux ! Comme ça, il arrivera plus vite à oublier Brin-d'Osier, tu ne crois pas ?

Vous voulez savoir qui est Brin-d'Osier ? C'est un vieux chat qui a quitté la maison, il y a quelques jours. Il habitait avec Mori chez Minjun. A l'origine, c'était un chat errant, mais il est venu vivre à la maison avant la naissance de Nayeong, la grande sœur de Minjun. A son arrivée, il était déjà assez grand. Il devrait donc avoir plus de quinze ans aujourd'hui.

Lorsque Brin-d'Osier a disparu, Minjun en a eu le cœur brisé. Son père a supposé que Brin-d'Osier avait quitté la maison pour aller finir sa vie dans un coin retiré. C'est ce que font les chats, en général. Quand approche l'heure de la mort, ils essaient souvent de s'éloigner des humains. Plusieurs jours avant son départ, Brin-d'Osier était resté assis, immobile, sans manger, installé tout en haut d'un tas de vieilleries dans la remise.

— Eh bien, moi, je n'en suis pas si sûre, répond la mère de Minjun, d'un air de doute. Minjun n'oubliera pas Brin-d'Osier aussi facilement.

— Pourquoi ça ?

— Tu sais, Minjun reste souvent seul à la maison. C'est pour ça que Brin-d'Osier comptait tellement pour lui. Surtout quand il pleut, la maison est sombre, même en plein jour. Et la tuyauterie est si vieille que chaque fois qu'on tire la chasse dans les toilettes, ça fait un bruit terrifiant... C'est peut-être à cause de ça qu'il a commencé à avoir des sortes d'hallucinations.

— Des hallucinations ? s'étonne Papa, les yeux ronds de surprise.

— C'était avant que Brin-d'Osier quitte la maison. Comme ce jour-là il pleuvait, j'étais rentrée plus tôt, pour les enfants. Je me suis aperçue que Minjun avait laissé entrer Brin-d'Osier dans la maison. Je l'ai grondé, mais il m'a dit en pleurant qu'il avait vu quelqu'un traverser la salle de séjour. Il était terrorisé. A ce moment-là, Brin-d'Osier est entré par la porte entrouverte et, les poils tout hérissés, il a tellement sifflé et craché que l'homme a disparu. C'est pour ça qu'à mon avis, Mori aura du mal à remplacer Brin-d'Osier.

— Tu crois ?

Inquiet, le père de Minjun fronce les sourcils. C'est vrai, Minjun a pratiquement grandi avec Brin-d'Osier. Les parents travaillent tous les deux, et Brin-d'Osier était le seul à accueillir le petit garçon à la maison et à lui faire fête quand il rentrait de l'école. Nayeong arrive toujours plus tard car elle est en sixième au collège. Les jours de pluie surtout, il n'y avait que Brin-d'Osier pour lui tenir compagnie dans la maison sombre.

Quant à Mori, il ne reste pas souvent à la maison. C'est un petit voyou qui ne pense qu'à lui et vient se faire cajoler uniquement quand l'envie lui en prend. Sinon, dès qu'on veut le caresser, il s'enfuit. Avec sa bande de chats errants, il rôde dans le quartier et s'amuse à tailler en pièces les sacs-poubelle. Les femmes du voisinage sont même venues un jour se plaindre à Maman. Et encore ! S'il ne s'agissait que de ça, ce ne serait pas trop grave. Mais parfois aussi, il ramène à la maison des chats de gouttière aux allures de brigands. Alors, chaque fois, Brin-d'Osier rappliquait et les chassait. Doux et gentil comme un ange avec Nayeong et Minjun, il devenait soudain féroce lorsqu'il se bagarrait avec les chats errants. Jamais il ne battait en retraite, c'était toujours lui qui l'emportait. Bien sûr, après la bataille, il se retrouvait souvent couvert de plaies et de bosses. Mais c'était pour ça que Minjun préférait Brin-d'Osier à Mori-l'agitateur.

Aujourd'hui, comme d'habitude, Minjun s'engage dans la ruelle et arrive devant sa maison vers quatre heures de l'après-midi. Vous voulez savoir ce que ce jour a de particulier ? Eh bien, c'est aujourd'hui que va survenir un événement des plus mystérieux, quelque chose de magique.

— Brin-d'Osier ! appelle Minjun.

Mais aussitôt, il se souvient :

— Quel idiot je suis ! C'est vrai, Brin-d'Osier n'est plus là.

En passant le portail, les épaules basses, la mine maussade, il remarque la boîte aux lettres.

— Ça alors, il y en a, des lettres !

Minjun prend le courrier et entre dans la cour.

— Miaou !

Mori s'approche à l'improviste et se frotte contre ses jambes. Comme c'est curieux ! Minjun ne s'y attendait pas du tout. Il jette son cartable sur les marches du perron, en même temps que le courrier et le sac dans lequel il transporte ses chaussons de gymnastique, puis caresse Mori.

— Toi aussi, tu t'ennuies sans Brin-d'Osier ?

Mori se laisse câliner un moment en ronronnant, mais tout à coup ses oreilles se dressent sur sa tête. Floc ! une lettre a glissé et est tombée sur le sol de la cour avec un petit bruit sec. Sa curiosité aussitôt allumée, le chat bondit lestement et atterrit sur la lettre.

— Attention ! Il ne faut pas la déchirer !

Vite, Minjun saisit l'enveloppe, lui jette un coup d'œil distrait, puis s'exclame, stupéfait :

— Quoi ! Pour Mori ?

Il secoue la tête.

— Ce n'est pas possible !

La tête inclinée sur le côté, l'air incrédule, il regarde de nouveau la lettre. Pas de doute ! Les mots « Pour Mori » sont clairement écrits sous l'adresse de la maison. Minjun secoue la tête puis examine la partie supérieure de l'enveloppe. Au lieu de l'adresse de l'expéditeur, ne figure que le nom de Brin-d'Osier.

— Brin-d'Osier ? Il a envoyé une lettre ? Pour Mori ?

Le cœur de Minjun se met à battre à grands coups dans sa poitrine. Pourtant, non, ce n'est pas possible, il ne peut y croire ! L'écriture est malhabile, comme si on avait griffé le papier avec un gros clou. Fébrilement, Minjun déchire l'enveloppe, les mains tremblantes. Et dedans, il trouve une lettre, soigneusement pliée. Essayant de calmer les cognements de son cœur, il l'ouvre.

Cher ~~Mou~~, Mori,

Comment vas-tu ? Tu as été surpris de ma soudaine disparition, pas vrai ? Minjun et Nayeong aussi ont dû être très étonnés. Mori, je me rappelle le premier jour où tu es arrivé chez Minjun. Tu n'étais alors qu'un chaton à peine sevré. J'ai l'impression que c'était ~~hier~~ hier, mais aujourd'hui, tu es grand et tu dois être devenu un adulte paisible et respectable. Je suis sûr que tu te débrouilleras très bien sans moi.

La nuit de mon départ, j'ai suivi le chat qu'on nomme "Boîte-à-Lettres" et je suis arrivé à l'école. Quelle école ? me diras-tu. L'Ecole des Chats, bien sûr ! Tu en as déjà peut-être entendu parler. Vois-tu, en général, lorsque nous autres, les chats, atteignons l'âge de quinze ans, nous quittons la maison où nous avons vécu avec les hommes. A partir de ce moment-là, nous restons entre chats. Une fois partis de chez nous, nous allons d'abord à l'Ecole des Chats, où l'on nous enseigne tout ce qui est nécessaire pour vivre dans notre monde à nous.

Il n'y a pas longtemps que je sais ~~écrire~~ écrire. Alors, je t'écris. On peut dire que j'ai appris vite, comparé aux autres. C'est que j'avais déjà un peu étudié en regardant les vieux cahiers de Minjun et de Nayeong.

Le cours va bientôt recommencer, je ne veux pas t'en raconter plus pour l'instant. En fait, il nous est interdit d'envoyer des lettres. Je le ferai en secret, par l'intermédiaire de Mot-d'Amour, la chatte qui habitait avant au bureau de ~~piste~~ poste. C'est ma meilleure amie.

J'aurais beaucoup de choses amusantes à te raconter, mais ça suffit pour aujourd'hui. Je t'écrirais bientôt.

Miaou !

Signé, Brun-d'Osier

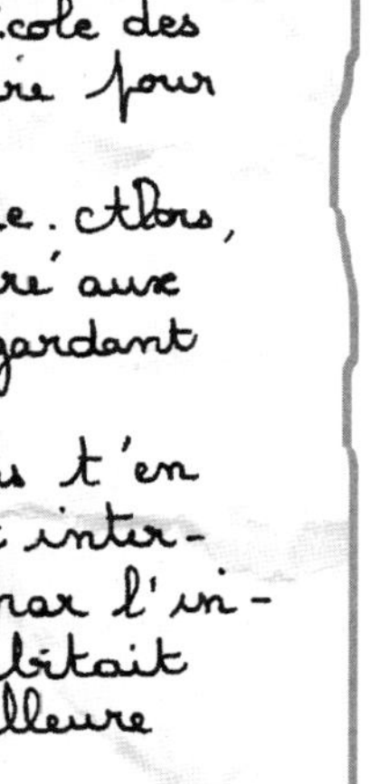

Minjun sent son cœur battre si fort qu'il va éclater.

— Ça alors ! C'est bien Brin-d'Osier qui a envoyé cette lettre !

Son regard ne peut quitter l'empreinte de la patte sous la signature. Il n'y a pas de doute, il manque la deuxième griffe. L'an dernier, au cours d'une féroce bagarre avec les chats du quartier, Brin-d'Osier a perdu une griffe.

Brin-d'Osier a envoyé une lettre ! On a reçu une lettre de Brin-d'Osier ! Dans sa tête, Minjun ne cesse de se répéter ces mots. Il brûle d'envie d'en parler à quelqu'un. Comme il voudrait que sa grande sœur Nayeong soit déjà rentrée ! Il attend avec impatience son retour. Mais elle n'arrive toujours pas. Alors, prenant Mori dans ses bras, Minjun lui brandit la lettre sous le nez.

— Regarde, Brin-d'Osier t'a envoyé une lettre !

Mori se rend-t-il compte de ce qui se passe ? Il n'en a pas l'air, il se tortille dans tous les sens pour tenter de s'échapper des bras de Minjun.

— Idiot ! Je te dis que tu as reçu une lettre de Brin-d'Osier.

Minjun serre Mori encore plus fort contre son cœur. Mais le chat se débat de plus belle, si bien qu'il finit par lui griffer le bras. Avec un sursaut d'étonnement, Minjun se décide à le lâcher.

— Espèce d'andouille ! Tu ne comprends pas ? Brin-d'Osier est allé à l'Ecole des Chats !

Sans prêter attention aux exclamations de son jeune maître, Mori, qui n'a pas du tout apprécié d'être traité ainsi, file vers l'angle de la maison et disparaît.

— Après qui tu criais comme ça ? dit une voix derrière le dos de Minjun.

C'est Nayeong. Il ne l'a pas entendue arriver.

— Grande sœur !

Aussitôt, le visage de Minjun s'illumine. Il n'a jamais été aussi content de la voir.

— Que se passe-t-il ?

— Regarde ça, s'écrie-t-il, tout fier.

Et il lui tend la lettre. Nayeong, intriguée, l'examine.

— Qu'est-ce que c'est que ça ? C'est toi qui l'as écrite ?

— Mais non ! Je n'écris tout de même pas aussi mal !

Minjun lui montre l'enveloppe portant le nom de Brin-d'Osier.

— Ouaouh ! s'exclame Nayeong. Je le crois pas ! Est-ce que ça ne serait pas quelqu'un qui voudrait nous faire une blague ?

— Non, regarde là, l'empreinte de la patte sous le nom de Brin-d'Osier.

— Eh bien quoi, l'empreinte ? Ça ne prouve rien.

— Regarde bien, il manque une griffe.

— C'est vrai, tu as raison ! En se battant contre les chats de gouttière, Brin-d'Osier a perdu une griffe... Ça veut dire que c'est vraiment lui qui a envoyé cette lettre !

Aussi excitée que son frère, Nayeong se met à sautiller de joie.

— Nous allons fabriquer une boîte, dit-elle.

— Pour quoi faire ?

— Si nous recevons d'autres lettres de Brin-d'Osier, il faudra les ranger soigneusement.

Quelle bonne idée ! Toute l'attention de Minjun se concentre immédiatement sur la réalisation de ce projet. Nayeong déniche une boîte en carton assez grande et, ensemble, les deux enfants

la décorent avec soin. Dessus, ils collent des papiers de couleur, y ajoutent des soleils, des lunes et des étoiles découpés dans des feuilles dorées et argentées. Sans oublier, bien sûr, une silhouette de chat.

A présent, les lettres de Brin-d'Osier arrivent régulièrement, à quelques jours d'intervalle. Nayeong et Minjun les attendent avec une impatience mêlée de joie. Même quand ils sont à l'école, les lettres de Brin-d'Osier ne quittent pas une seconde leurs pensées. Ils ont bien envie d'en parler à leurs camarades, avec quelque fierté, il faut l'avouer, mais ils n'en ont pas le droit. Brin-d'Osier leur a recommandé à plusieurs reprises dans ses lettres de garder le secret. Malgré tout, Nayeong et Minjun n'ont pas pu s'empêcher d'en parler chacun à leur meilleur ami. C'était plus fort qu'eux. Ils mouraient tout simplement d'envie de s'en vanter auprès de quelqu'un.

Pourtant, le meilleur ami de Minjun ne l'a pas cru. Il a eu beau insister, son camarade s'est contenté de laisser échapper un petit rire incrédule.

— Toi, plus tard, tu écriras des romans, a-t-il dit.

Sans doute est-ce mieux ainsi, après tout. Comme ça, le secret est bien gardé et la boîte continue à se remplir.

Un rendez-vous longtemps attendu

Il existe, chez les chats, une vieille coutume : l'assemblée nocturne. Elle consiste pour les chats habitant un même quartier à se réunir en plein cœur de la nuit, dans un lieu et à une heure déterminés.

Les hommes ignorent par quel miracle les chats se retrouvent ainsi ensemble et ce qu'ils font au cours de leur réunion. Mais les chats le savent. Mis à part ceux qui vivent enfermés chez eux, tous sont parfaitement au courant de ces rencontres nocturnes. Car c'est là qu'est traitée une grande partie des affaires importantes qui concernent le monde des chats.

C'était un mois avant que Brin-d'Osier quitte la maison. Comme d'habitude, il se rendit au rassemblement et emmena Mori avec lui. Dans son quartier, les chats se réunissaient d'ordinaire sur un vaste terrain vague, un peu à l'écart des habitations. Autrefois, il y avait là de misérables cabanes en planches, collées les unes contre les autres comme des sardines. Mais comme on les avait démolies avec des bulldozers pour pouvoir construire à la place de nouveaux immeubles, le terrain était abandonné. C'était autour d'un rocher, à l'endroit le plus élevé, que la réunion se déroulait.

A l'époque des cabanes, une sorcière habitait dans une maisonnette, juste au pied du rocher. Devant chez elle, il y avait toujours un petit drapeau blanc accroché au bout d'une longue tige de bambou. C'était là que, régulièrement, après avoir disposé des offrandes de nourriture, elle célébrait le *gut* – les cérémonies du chamanisme. Ces jours-là, les chats pouvaient se régaler de morceaux de poisson et d'autres restes.

— Tout le monde est là ? demanda d'une voix enrouée le chat Boîte-à-Lettres, assis au sommet du rocher.

De partout, des « miaou » fusèrent, réveillant quelque peu l'ambiance silencieuse qui régnait dans ce lieu désert. Boîte-à-Lettres était le plus âgé de l'assemblée. On disait qu'il avait même dépassé les vingt ans. Jadis, il avait habité le bureau de poste situé au pied de la colline ; puis, à quinze ans passés, il était parti. Sa fourrure était marron clair, proche du jaune, son corps gros et trapu. C'était sans doute pour ça qu'on l'avait surnommé Boîte-à-Lettres. Quand il bâillait en ouvrant tout grand la bouche, il ressemblait tellement à une boîte à lettres que soudain l'envie vous prenait de glisser une enveloppe dans sa gueule. Mais d'habitude, ce n'étaient pas des lettres qui y entraient, mais de pauvres petites souris. Et comme c'était un véritable glouton, vous ne devinerez jamais combien de ces malheureux rongeurs avaient été enfournés dans ce gouffre ! Dix ? Cent ? Cinq cents ? Mille, peut-être ?

Les discours de Boîte-à-Lettres étaient en général ennuyeux : « Les chats doivent marcher à pas de loup pour ne pas se faire repérer par les souris » ; « il faut soigneusement aiguiser ses griffes jusqu'à ce qu'elles soient tranchantes comme des lames de rasoir » ; « les chats doivent préserver leurs coutumes » ; et autres maximes de cette sorte.

Lorsqu'ils étaient las d'écouter Boîte-à-Lettres, certains chats, désœuvrés, se mettaient à faire leur toilette ; d'autres jouaient à se donner des coups de patte et à se mordiller. Pourtant, jamais ils ne se faisaient réprimander. Au contraire, c'étaient les chats trop sages qui étaient punis, car leur comportement était considéré comme indigne de félins. Aussi n'était-ce pas si terrible de venir assister à l'assemblée nocturne, même si le discours était un peu assommant. D'ailleurs, de temps en temps, on y parlait de l'école que les chats âgés de plus de quinze ans pouvaient être admis à fréquenter. Dans ces moments-là, les chats, curieux, la bouche ouverte, dressaient les oreilles pour écouter.

Une fois la réunion terminée, Brin-d'Osier s'attarda. Il avait des questions à poser à Boîte-à-Lettres.

— Euh... Boîte-à-Lettres, appela-t-il.

— Oui, que puis-je faire pour toi ?

— Il y a une chose qui me tracasse.

— Ça tombe bien, moi aussi, j'ai à te parler. Alors, que veux-tu savoir ? demanda Boîte-à-Lettres en baissant les yeux vers Brin-d'Osier.

— Bon, moi, je pars, coupa Mori avec impatience, après avoir attendu un moment son compagnon.

Il n'avait probablement qu'une envie, c'était d'aller jouer avec ses copains de gouttière.

— Pourquoi ? lança Arlequin qui suivait Mori partout où il allait. On peut bien attendre encore un peu.

Arlequin était un chat un peu lent qui manquait totalement de perspicacité.

— Non, ça va me prendre du temps, intervint Brin-d'Osier. Rentre sans moi, Mori.

Ce dernier ne se le fit pas dire deux fois, il tourna les talons et s'éclipsa. Tout en jetant des regards furtifs derrière lui, Arlequin lui emboîta aussitôt le pas. Brin-d'Osier resta un moment à regarder Mori s'éloigner en folâtrant, puis d'un bond sauta au sommet du rocher. La lueur de la pleine lune illuminait le paysage tout entier. Au pied de la colline, les lumières étincelantes de la ville se répandaient en une mer resplendissante. Boîte-à-Lettres regardait vers le bas, la mine grave. Il paraissait différent, ce soir-là ; il avait un air sévère, mais gentil tout de même.

— Il m'est arrivé une chose étrange, commença Brin-d'Osier.

— Je t'écoute.

— Depuis quelque temps, j'aperçois des ombres.

— Des ombres ?

A ces mots, les yeux de Boîte-à-Lettres se mirent à briller d'un étrange éclat.

— Oui, répondit Brin-d'Osier. C'est arrivé il y a quelques jours. Il pleuvait. Minjun est rentré chez lui, dans la maison sombre, et il a poussé un cri de terreur. J'ai regardé à l'intérieur et j'ai vu passer furtivement quelque chose qui ressemblait à l'ombre d'un chat. Minjun, lui, a dit qu'il avait vu un homme. Depuis ce jour-là, j'ai l'impression de sentir la présence d'une ombre chez certains chats.

— Des ombres... Il est temps que tu fasses le voyage nocturne, murmura Boîte-à-Lettres d'un air mystérieux.

— Comment ?

— Tu sais, le voyage de nuit.

— Ah ! Je vois !

Lorsque les chats atteignent l'âge de quinze ans, ils quittent les humains pour rejoindre le monde des chats. Ils appellent cela « le voyage nocturne ». Tout simplement parce qu'ils effectuent le trajet de nuit. Brin-d'Osier en avait entendu parler, mais il n'était que vaguement au courant.

— Avant de faire le voyage nocturne, il faut une bonne préparation, dit Boîte-à-Lettres.

— Quel genre ?

— Il faudra tout d'abord bien t'essuyer les pattes.

— M'essuyer les pattes ?

— Oui, cela signifie qu'il ne faudra plus manger la nourriture

que te donnent les humains. Tu devras rester seul et éviter leurs caresses. Abandonner toutes les habitudes que tu as prises en vivant avec eux. C'est cela qu'on appelle « s'essuyer les pattes ». Bien sûr, tu auras faim, et tu auras le cœur brisé.

— Je comprends...

— Il faut vraiment s'essuyer les pattes avec beaucoup de soin, insista Boîte-à-Lettres avec gravité. Si tu t'y prends mal, tu risques de devenir un vagabond. Tu n'appartiens plus ni au monde des humains ni à celui des chats. Et alors, tu t'engages sur une mauvaise pente. Mais si tu t'essuies consciencieusement les pattes, tu peux être accepté à l'Ecole des Chats.

Brin-d'Osier sentit ses poils se hérisser. Il avait du mal à se représenter précisément à quoi cela ressemblait, mais devenir un vagabond lui paraissait un destin horrible.

— Elle existe vraiment, cette Ecole des Chats ?

— Naturellement ! On y enseigne beaucoup de choses, tout ce dont les chats ont besoin pour vivre entre eux. Et une fois qu'ils ont terminé leurs études, on leur confie de grandes responsabilités dans le monde des chats. Il faudra donc t'armer de courage.

— Quand devrai-je partir ?

Boîte-à-Lettres leva sa patte droite et désigna la lune.

— La lune va devenir de plus en plus mince, comme un croissant, puis, peu à peu, elle s'arrondira de nouveau. La prochaine fois qu'elle sera pleine, je viendrai te chercher. J'espère de tout cœur que tu seras prêt à ce moment-là pour aller à l'Ecole des Chats.

— D'accord, mais à propos de cette ombre dont je parlais tout à l'heure...

— Ah, ça ? Ce serait trop long à expliquer. Une fois que tu seras à l'Ecole des Chats, tu l'apprendras tout naturellement.

— Bon, si tu le dis...

Brin-d'Osier, après avoir salué Boîte-à-Lettres, s'en retourna d'un pas lent. En pensant à Minjun et Nayeong, il sentait ses yeux et sa truffe le picoter. Il arriverait sûrement à supporter la faim, mais faire semblant d'ignorer Minjun et Nayeong, ce serait peut-être au-dessus de ses forces. Pour Nayeong, ça irait encore, car elle était déjà grande. Mais Minjun... Brin-d'Osier le considérait un peu comme son petit frère.

Dès le lendemain, Brin-d'Osier commença à réduire progressivement ses repas. Il avait faim et se sentait sans énergie. Pour finir,

il monta au sommet d'un tas de vieilles choses dans la remise et cessa complètement de s'alimenter. Ce qui inquiéta terriblement Minjun et Nayeong. Plusieurs fois, ils lui apportèrent de la nourriture et essayèrent de le faire manger ; mais chaque fois Brin-d'Osier refusait en sifflant et en crachant d'indignation. Il griffa même la main de Papa.

Brin-d'Osier avait le cœur lourd. Quand il se retrouvait seul dans la remise et essayait de trouver le sommeil, il regrettait de ne pouvoir se blottir sur les genoux tièdes de Minjun. Quand Nayeong lui proposait de la nourriture, il se forçait à la repousser, mais ses yeux laissaient couler de grosses larmes. « Si tu t'essuies mal les pattes, tu ne pourras pas aller à l'école, et tu deviendras un vagabond. » Sans cesse, les avertissements de Boîte-à-Lettres lui revenaient à l'esprit. Il n'avait qu'un souhait, c'était que Boîte-à-Lettres l'emmène au loin le plus tôt possible. Chaque nuit, il surveillait la lune à travers la petite fenêtre de la remise.

Un soir, alors que la nuit s'avançait, le clair de lune illumina la lucarne. C'était la pleine lune. « Miaou ! » Il entendit une voix un peu enrouée venant du dehors. Enfin ! Boîte-à-Lettres venait le chercher. Brin-d'Osier tendit aussitôt le cou par la fenêtre puis sauta d'un bond sur le mur extérieur.

— Ça a été dur, n'est-ce pas ? demanda Boîte-à-Lettres. Mais je savais que tu réussirais. Maintenant, partons vite !

— Nous allons à l'Ecole des Chats ?

— Bien sûr !

Boîte-à-Lettres eut un sourire affectueux puis sauta au bas du mur. Le cœur de Brin-d'Osier débordait de joie. Et aussi d'appréhension, il fallait bien l'avouer.

— C'est loin, l'Ecole des Chats ?

— Oui, assez.

Quelques instants après avoir quitté le quartier, Brin-d'Osier et Boîte-à-Lettres arrivèrent sur la grand-route. De l'autre côté, se trouvait une colline. Malgré l'heure tardive, de temps en temps,

une voiture surgissait de l'horizon, fonçant à un train d'enfer, sans même respecter les feux de signalisation. C'était si dangereux qu'à la moindre seconde d'inattention, ils se seraient retrouvés projetés dans l'autre monde, sans jamais arriver à l'Ecole des Chats ! Brin-d'Osier et Boîte-à-Lettres attendirent qu'il n'y ait plus un seul véhicule en vue, avant de traverser la route à toute allure. Ouf ! Boîte-à-Lettres, en sentant son ventre lourd ballotter contre ses pattes à chaque bond, en avait des sueurs froides ! Ils gravirent ensuite des collines, traversèrent des villages et encore d'autres routes, et enfin atteignirent une haute montagne. Le chemin en pente était rude ; mais ils le suivirent sans crainte de s'en écarter ni de se perdre, car dans l'air flottaient encore les odeurs des innombrables chats qui étaient déjà passés par là. Boîte-à-Lettres se fraya adroitement un passage à travers les arbustes et les buissons. A mesure que l'odeur des chats devenait plus forte, ils sentaient que l'école ne devait plus se trouver très loin.

— Voilà, nous sommes arrivés.

Dans une clairière au fin fond d'un bois, se dressait une grande maison à un étage avec un sous-sol. Elle devait être inhabitée, car on n'y discernait aucune odeur humaine. Les portes à la peinture écaillée tombaient en morceaux, lui donnant une allure de demeure hantée.

Brin-d'Osier respira un grand coup. Odeurs et vent frais, chuchotements des feuilles d'arbres, tout cela était nouveau pour lui. C'était la première fois de sa vie qu'il flairait la présence d'un si grand nombre de chats.

UN CHANT INACHEVÉ

Brin-d'Osier sur ses talons, Boîte-à-Lettres entra dans le vestibule. L'intérieur de la maison semblait illuminé par la clarté de la lune. Bien sûr, pour des yeux humains, l'endroit aurait semblé trop faiblement éclairé, mais comme vous le savez, les chats voient très bien dans l'obscurité. De tous les coins de la maison, parvenaient des miaulements.

Comme ils allaient traverser le vestibule, Boîte-à-Lettres, posant la patte sur une grande planche de bois renversée sur le sol, ordonna tout à coup :

— Arrête-toi. Tu sais ce qui est inscrit sur cet écriteau ?

Brin-d'Osier baissa les yeux vers le panneau de chêne. L'odeur de chats qui s'en dégageait était si puissante qu'elle lui picota le bout du nez. Ce morceau de bois devait être l'objet le plus imprégné d'odeurs félines au monde ! Il y en avait de si faibles qu'on pouvait à peine les distinguer. C'étaient sûrement les odeurs des chats qui avaient quitté l'école depuis longtemps.

— C… L… I… épela Brin-d'Osier. Je connais ces lettres, mais pour le reste, je ne suis pas sûr.

— Ah, c'est vrai ! Tu n'as pas encore appris à lire et à écrire. Mais je vois que tu connais tout de même quelques lettres.

— Oui, j'ai regardé dans les vieux cahiers de Minjun et Nayeong…

— C'est la devise de l'Ecole des Chats. Il est écrit : « Chats Libres et Indépendants ». Les chats qui quittent l'école, après la fin de leurs études, gravent ces lettres avec leurs griffes. Moi, j'ai contribué à écrire la lettre C.

L'école devait avoir formé d'innombrables élèves depuis sa création, car les lettres étaient toutes profondément creusées dans le bois de l'écriteau.

— Toi aussi, Boîte-à-Lettres, tu as été élève ici ?

— Bien sûr !

Boîte-à-Lettres redressa les épaules, d'un air important.

— Quand tu sortiras à ton tour, tu devras y laisser la trace de tes griffes. A ce moment-là, tu feras comme moi partie des anciens de l'école.

Et sur ces mots, il frotta affectueusement son nez contre celui de Brin-d'Osier. Puis il le conduisit au premier étage, dans une petite pièce dont l'unique fenêtre faisait face à la porte.

Baignant dans le clair de lune qui pénétrait par la croisée, un chat à l'air très âgé était assis sur une chaise. A voir sa silhouette renversée contre le dossier, on aurait dit un homme. On se serait

même attendu à le voir soudain se lever et marcher sur deux pattes. Devant lui se dressait une colonne de cristal. Dans la lueur de la lune, elle émettait une lumière bleuâtre.

— Voici le directeur de notre école.

Brin-d'Osier s'avança en miaulant pour frotter son museau contre celui du directeur. C'est ainsi que font les chats pour se saluer. Mais, avec un sursaut, il recula brusquement. Il avait senti, provenant de la pierre, un air glacial, aussi coupant qu'une lame de poignard.

— Sois le bienvenu. Les élèves m'appellent Chaussettes, dit avec un doux sourire le directeur en voyant Brin-d'Osier hésiter. Et toi, comment t'appelles-tu ?

La fourrure sur la partie inférieure de ses pattes était toute blanche, comme s'il avait réellement porté des chaussettes de laine. De longs poils soyeux recouvraient le reste de son corps. Il avait les yeux bleus et l'air indulgent d'un grand-père. N'empêche qu'il donnait en même temps – on n'aurait su dire pourquoi – l'impression qu'il valait mieux surveiller sa conduite en sa présence !

— Je m'appelle Brin-d'Osier.

— C'est un très joli nom. Mon vrai nom est difficile à prononcer. Il y a peu de chats qui y arrivent correctement. Appelle-moi simplement Chaussettes. Mais si tu es curieux de le savoir, je vais te dire mon vrai nom : c'est Birman de Stapha Angkor Vat. Stapha Angkor Vat signifie « la tour d'Angkor Vat ». Elle se trouve très loin d'ici, dans le Sud de l'Asie. Et comme tu le sais, « Birman » désigne les chats qui vivaient jadis dans cette région. Ce qui veut dire que je fais partie des chats sacrés de Birmanie, originaires d'Angkor Vat. Et toi, d'où viens-tu ?

Chaussettes se mit à poser à Brin-d'Osier une foule de questions. Il sembla particulièrement intéressé par l'ombre que Brin-d'Osier avait croisée chez Minjun, et il l'interrogea en détail sur ce sujet. Sans doute Boîte-à-Lettres lui en avait-il déjà parlé. Ce dernier, pendant ce temps, s'ennuyait ferme et bâillait à s'en décrocher la mâchoire.

— Merci de t'être donné la peine de répondre à toutes mes questions, conclut Chaussettes.

Sur ce, il redressa les épaules et, comme pour célébrer un rite sacré, il fixa du regard la pierre, tout en dodelinant de la tête et en murmurant dans ses moustaches des mots incompréhensibles. Brin-d'Osier sentait une douleur sourde dans sa queue, car cela faisait déjà un bon moment qu'il était assis dessus. Il n'attendait que son autorisation pour partir.

— Je pense que ta place est dans la classe de Cristal, décréta Chaussettes en levant la tête après un long silence.

Puis il s'approcha et frotta son nez contre celui de Brin-d'Osier. Stupéfait, Boîte-à-Lettres les dévisagea tour à tour. Chaussettes, reprenant place sur son siège, ordonna :

— Boîte-à-Lettres, conduis Brin-d'Osier auprès du professeur Barbu.

— Entendu.

Brin-d'Osier suivit son guide dans un couloir étroit puis descendit par petits bonds un escalier qui menait au sous-sol.

— Ça n'a pas été trop dur ? demanda Boîte-à-Lettres.

— J'avais un peu le trac.

— Un peu ? Tu sais dans quel état j'étais quand j'ai rencontré le directeur pour la première fois ?

— C'était comment ?

— J'avais tellement peur de lui que je me suis fait pipi dessus.

— Non !

Brin-d'Osier se mit à glousser. Toute la tension qui s'était accumulée en lui se relâcha. Il éprouvait une profonde gratitude envers Boîte-à-Lettres.

— Le directeur de l'école est quelqu'un de vraiment extraordinaire, expliqua Boîte-à-Lettres. C'est un grand poète. Il a voyagé dans le monde entier, écouté l'histoire de tous les chats de la terre. C'est grâce à cela qu'il a acquis une grande sagesse. Il est beaucoup plus sage que la plupart des hommes. Tu sais, les chats voient, entendent et sentent mieux que les humains. Et en plus, ils peuvent entendre ce que toutes sortes d'arbres et d'animaux racontent,

alors que les hommes en sont bien incapables. Notre directeur connaît un chant qui contient tout cela, une mélodie sans fin. Aucun chat jusqu'à présent n'a entendu ce chant en entier. Mais un jour, il y en aura un. Et ce sera le seul.

— Un seul chat ? Qui est-ce ? le pressa Brin-d'Osier en s'approchant tout contre lui.

— Je ne connais pas son nom. Tout ce que je sais, c'est qu'il succédera au directeur de l'école. Il se pourrait même que ce soit toi, Brin-d'Osier.

— Certainement pas ! Il y aura d'abord toi.

— A ma connaissance, tu es le deuxième chat jusqu'à maintenant qui ait frotté son nez contre celui du directeur.

— C'est pas vrai !

Brin-d'Osier s'interrompit, incrédule. Son cœur était si profondément ému que sa voix se brisa.

— Qui était le premier chat ? Ce ne serait pas toi, par hasard ?

— Non, ce n'est pas moi. C'était un élève de la classe de Cristal. On raconte qu'il est parti en pèlerinage, il y a longtemps de ça. Dans notre école, ce chat est considéré comme un héros légendaire. Moi, je ne l'ai jamais vu. J'en ai seulement beaucoup entendu parler. Et tu ne vas pas tarder, toi aussi.

Et Boîte-à-Lettres se mit à discourir avec enthousiasme, tout fier de rapporter à son compagnon un récit héroïque.

Brin-d'Osier essaya de se représenter ce chat voyageur parti à l'aventure, comme un moine en quête de vérité, ce chat courageux et sage, avec sa longue barbe blanche et son bâton de pèlerin.

LA CLASSE DE CRISTAL

Boîte-à-Lettres s'arrêta devant une porte rouge sur laquelle était accroché un anneau en corne de bœuf.

Toc ! Toc ! Toc ! Il frappa plusieurs coups. La porte s'ouvrit avec un grincement.

Brin-d'Osier, emboîtant le pas à son guide, entra dans la pièce. Dans la clarté de la lune qui pénétrait par la fenêtre, se découpait distinctement la silhouette d'un poêle entouré d'un bric-à-brac d'objets hétéroclites. Brin-d'Osier, médusé, en resta bouche bée. Un poêle rouillé, un globe terrestre, un aigle empaillé recouvert de toiles d'araignée, des livres sacrés, des livres de prophétie de l'époque antique éparpillés en désordre, toutes sortes d'objets remplissaient pêle-mêle la pièce. Sur le poêle, une grosse pelote de laine remuait doucement.

— Professeur Barbu !

— Oui ?

Soudain, une tête émergea de la pelote. Elle avait des yeux, un nez, une bouche, des oreilles. Puis des pattes et les contours d'un corps se déroulèrent peu à peu. Cela commença à ressembler à un chat. En le regardant de plus près, on pouvait apercevoir, suspendue à un cordon autour de son cou, une petite pierre de cristal.

— J'étais justement en train de me dire qu'il ne manquait plus qu'une boîte à lettres rouillée pour compléter cette pièce. Et te voilà, tu arrives à point ! Tu es peut-être rouillé, mais ce n'est pas une raison pour venir aussi peu souvent. Quel gros paresseux !

Brin-d'Osier étouffa un petit rire, tandis que Boîte-à-Lettres, blessé dans son amour-propre, rougissait jusqu'aux oreilles.

— Voici le dernier élève de votre classe, annonça-t-il avant de se tourner vers son compagnon : Brin-d'Osier, présente-toi. C'est le professeur Barbu.

Brin-d'Osier, s'efforçant de reprendre son sérieux, sauta sur le poêle et frotta son museau contre celui du professeur.

— Bon, je vais m'en aller, prévint Boîte-à-Lettres.

Sa tâche accomplie, il salua et ouvrit la porte. Puis, faisant brusquement volte-face, il lança d'un ton moqueur :

— Une pelote de laine comme vous aurait plutôt sa place dans un cours de tricot pour filles. Sûrement pas ici !

Et sur ces paroles, il se hâta de disparaître. Le professeur Barbu resta assis un moment, l'air ahuri, puis, ayant recouvré ses esprits, dirigea ailleurs sa colère.

— Petits voyous ! s'exclama-t-il. Un nouveau camarade vient

d'arriver, et au lieu de lui souhaiter la bienvenue, vous ne pensez qu'à batifoler.

C'est alors que deux autres chats surgirent de derrière une vieille table sous laquelle ils s'amusaient à rouler sur le sol. Interrompant leur jeu, ils s'avancèrent timidement.

— Oh, mais tu es Mot-d'Amour, je ne me trompe pas ? s'écria Brin-d'Osier, tout heureux de voir un museau familier.

Il en aurait mis sa patte au feu : cette chatte, à la robe grise égayée de reflets roux, ça ne pouvait être que Mot-d'Amour.

C'était elle qui avait occupé le bureau de poste après le départ de Boîte-à-Lettres. Les employés de la poste l'adoraient, même si elle faisait parfois des bêtises. Oh, ce n'était pas grand-chose ! De temps en temps, il lui arrivait de déchirer une lettre avec ses griffes. Mais le plus curieux, c'est qu'il s'agissait toujours de lettres d'amour, de ces petits mots tendres que s'envoient les amoureux. C'est pourquoi on l'avait surnommée Mot-d'Amour.

— Waouh ! C'est toi, Brin ? Je suis drôlement contente de te retrouver ici ! Ce coquin de Mandragore ne me plaît pas du tout. Il est trop grand et trop fort pour moi. J'ai toujours peur de mourir écrasée quand je joue avec lui.

Le compagnon de jeu de Mot-d'Amour s'approcha de Brin-d'Osier et frotta son nez contre le sien. Brin-d'Osier trouva que son odeur ressemblait un peu à celles qui flottent dans les herboristeries.

— Salut ! Je m'appelle Mandragore, lança-t-il d'une voix tonitruante, un large sourire aux lèvres.

De taille imposante, Mandragore paraissait deux fois plus costaud que Brin-d'Osier. C'était sûrement parce qu'il avait été élevé au ginseng sauvage qu'il était devenu aussi fort. Le vieil homme chez qui il avait vécu vendait des herbes médicinales. C'était lui qui lui avait donné ce nom de Mandragore. Quand le ginseng sauvage atteint l'âge de mille ans, il se métamorphose en un petit enfant ; alors, on l'appelle mandragore, car la racine de la mandragore, elle aussi, évoque la forme d'un corps humain.

— Votre attention, s'il vous plaît ! ordonna le professeur Barbu. Bienvenue à tous dans la classe de Cristal. Je suis votre professeur principal. Mon véritable nom est Aladin. Je viens de Perse, qui se trouvait autrefois dans la région de l'ancienne Egypte. Les cours débutent demain soir. Aujourd'hui, vous pouvez me poser toutes les questions que vous voulez à propos de notre école. Mais pour commencer, il faut que je vous apprenne deux règles en vigueur dans cet établissement. Premièrement, vous ne devez plus utiliser la porte principale de la maison ni celle d'aucune autre pièce. A partir de maintenant, il faudra passer par les fenêtres, par les fentes des murs en ruine, ou bien par les tuyaux de poêle. C'est comme ça que se déplacent les chats dignes de ce nom. Deuxièmement, pendant le cours, il est recommandé de faire sa toilette au moins trois fois, ou de jouer à attraper des souris, ou encore de s'amuser à se donner de petits coups de patte. Un chat qui reste calme trop longtemps n'est pas un vrai chat, vous êtes d'accord ?

Brin-d'Osier, Mot-d'Amour et Mandragore poussèrent des cris de joie. Décidément, le règlement de l'école leur plaisait beaucoup !

— Professeur, est-ce qu'il n'y a que la classe de Cristal dans notre école ? demanda Mot-d'Amour.

— Non, il y a aussi la classe de l'Assemblée nocturne et celle des Chats sauvages. Dans la première, comme son nom l'indique, on apprend ce qui est nécessaire pour diriger une assemblée nocturne. Quant à la classe des Chats sauvages, comme son nom l'indique aussi, on y enseigne les choses indispensables à la vie en montagne.

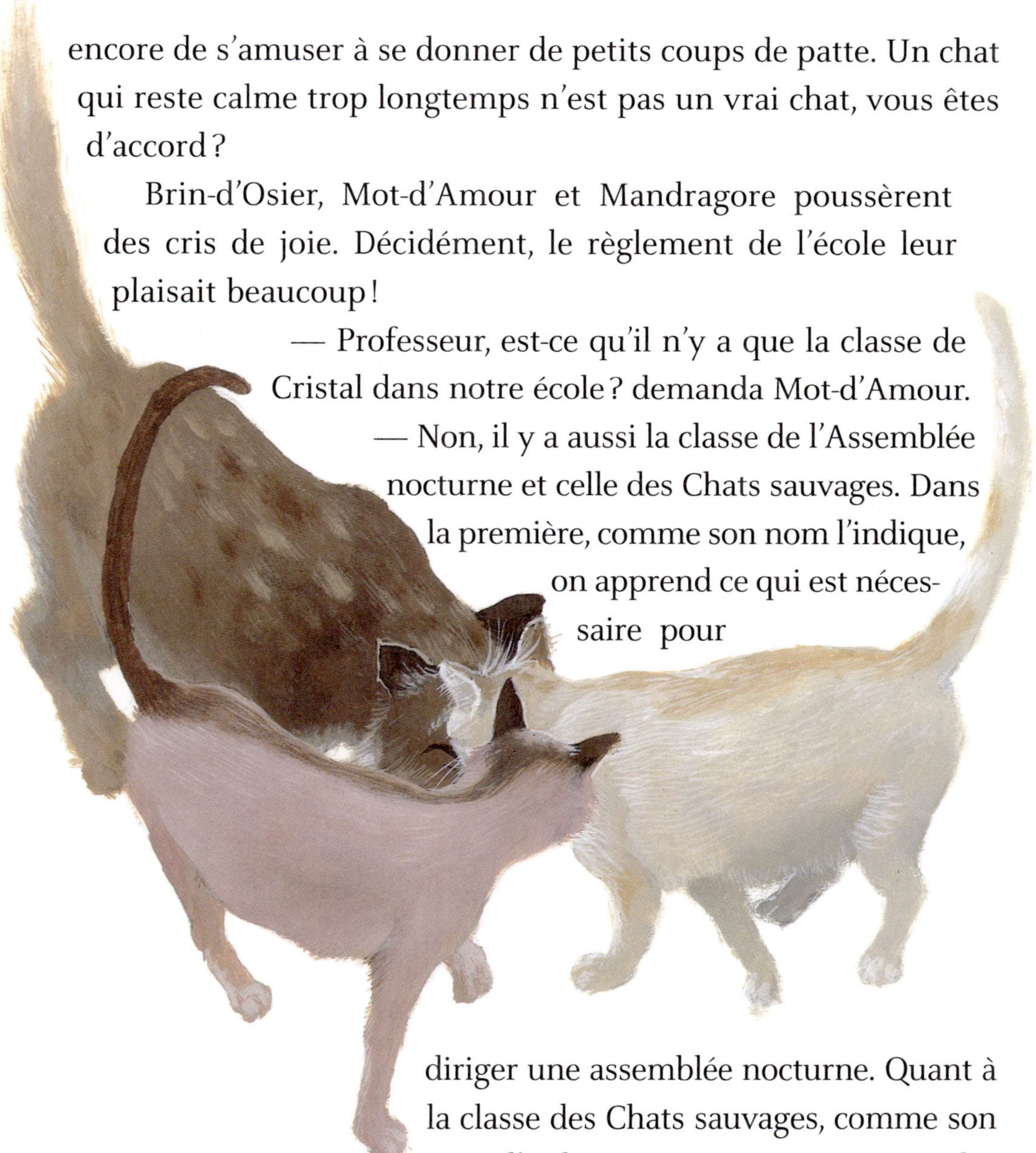

L'ÉPÉE MAGIQUE

— Et nous, qu'allons-nous apprendre ? demanda Brin-d'Osier. Le cristal ?

— Ce n'est pas une question simple.

Tout en caressant sa barbe, le professeur Barbu expliqua :

— Où sont nés, d'après vous, les chats domestiques ? C'était en Egypte, il y a environ cinq mille ans. Là-bas, grâce au Nil, les récoltes étaient abondantes. On les conservait dans d'immenses greniers au bord du fleuve. Et bien sûr, cela attirait une multitude de rats. Vous savez pourquoi ?

— Ils venaient manger les céréales, répondit aussitôt Mandragore en décochant à Mot-d'Amour un regard plein de fierté.

— Et quand il y a beaucoup de rats au même endroit, qui arrive ensuite ?

— Les chats ! s'écria de nouveau Mandragore, triomphant.

Mot-d'Amour le regarda avec condescendance. C'était trop facile ce genre de questions, il n'y avait vraiment pas de quoi se vanter !

— Exact, approuva le professeur. Les chats sauvages se mirent à affluer dans les greniers pour chasser les rats. Ils venaient de Libye, dans le Nord de l'Afrique. Les Egyptiens qui gardaient les greniers commencèrent alors à les apprivoiser et à les domestiquer. Ils pensaient que c'était la meilleure façon de les remercier. Car les rats leur causaient vraiment beaucoup de soucis. Puis, il y a environ trois mille ans, les chats domestiqués d'Egypte s'embarquèrent sur des bateaux et se répandirent dans les autres pays. Qui sont donc, d'après vous, les ancêtres des chats domestiques comme nous ?

— Les chats égyptiens !

Mandragore bomba le torse, tout fier d'avoir démontré ses connaissances. Mot-d'Amour secoua vigoureusement la tête avec dédain.

— Tu as raison, dit le professeur. Mais si on remonte encore plus loin, on peut dire que ce sont les chats sauvages de Libye.

— Mais les chats domestiques d'Egypte et les chats sauvages de Libye, qu'ont-ils à voir avec le cristal ? interrogea Mot-d'Amour.

— Eh bien, attends un peu la suite de l'histoire. Nos ancêtres, les chats domestiques d'Egypte, ont accompli beaucoup de choses extraordinaires. Je vais vous montrer un dessin.

Le professeur Barbu souleva le couvercle du poêle et en sortit un grand rouleau de papier, qu'il suspendit au tuyau rouillé en pleine clarté de la lune.

— Le soleil se lève tous les matins à l'est, traverse le ciel, et se couche le soir à l'ouest. Une fois le soleil couché, la nuit tombe. A ce moment-là, la lune se lève dans le ciel et éclaire la Terre. Mais, à votre avis, que fait le soleil, pendant ce temps ?

— Comme il doit se relever le lendemain, il faut qu'il aille de nouveau vers l'est, dit Mot-d'Amour, chancelant sous le vigoureux coup de patte que Mandragore lui asséna.

Agacée, elle montra les dents en lui jetant un regard indigné.

— Vous pouvez jouer, mais ne vous battez pas, s'interposa le professeur. Mot-d'Amour a raison. Pendant la nuit, le soleil retourne vers l'est, et il doit pour cela traverser le monde des ténèbres. Or ce monde-là est effrayant et extrêmement dangereux.

A ces mots, les trois chats fixèrent le professeur Barbu avec intensité.

— Ce n'est pas facile de le franchir. Le dieu des ténèbres guette sans cesse le soleil pour tenter de l'avaler au passage. Ce qu'il veut, c'est faire de notre monde une terre d'ombre où le jour ne se lèverait plus jamais. Car alors il pourrait dominer l'univers. C'est pourquoi il se transforme en reptile géant, un serpent encore plus gros et plus long que le Nil. Si, une nuit, cet animal gigantesque réussissait à engloutir le soleil, celui-ci ne pourrait plus se lever le jour suivant. Et le monde se retrouverait complètement plongé dans l'obscurité.

Brin-d'Osier ravalant sa salive, contempla le dessin accroché au tuyau du poêle. Mot-d'Amour et Mandragore, qui avaient cessé leurs taquineries, écoutaient le professeur avec beaucoup d'attention. Ce dernier poursuivit en désignant le dessin :

— C'est pour cette raison que le soleil se métamorphose en chat. Pour pouvoir se battre contre le serpent géant. Il ne peut pas traverser le monde des ténèbres sous son apparence solaire en continuant à irradier sa lumière. Comme vous le voyez sur le dessin, il se transforme en chat et il se bat avec une épée magique. C'est un combat acharné et féroce, mais le Chat-Soleil finit par couper en petits morceaux le serpent des ténèbres. Ce dessin représente le moment fatal. Vous voyez là, c'est ce qu'il est en train de faire. C'est ainsi que le soleil peut retourner vers l'est et se lever de nouveau le lendemain. En fin de compte, le Chat-Soleil est notre lointain ancêtre à tous.

Brin-d'Osier, Mot-d'Amour et Mandragore étaient tellement fascinés par l'histoire qu'ils en restaient muets.

— Combien de serpents a-t-il tués jusqu'à maintenant ? se décida enfin à demander Mandragore.

— Comment ? fit le professeur, dérouté par cette question inattendue.

Il avait l'air embarrassé.

— Hum, c'est une bonne question, mais... à mon avis, il n'y a aucun chat au monde qui connaisse la réponse.

— C'est pas vrai ! lança Mot-d'Amour pour se moquer de Mandragore. Je croyais que tu savais tout !

Et, avec un petit gloussement, elle lui tira la langue.

— Allons, allons, dit le professeur. Cette fois, c'est moi qui pose une question. En quelle matière, à votre avis, a été fabriquée l'épée du Chat-Soleil ?

— En cristal, peut-être ? proposa Brin-d'Osier.

— Exactement. C'est une épée de cristal. Le cristal a le pouvoir de vaincre l'obscurité. Et le mot « cristal » dans le nom de notre classe désigne cette épée magique.

— Donc, dans la classe de Cristal, on apprend ce qu'il faut faire pour se battre contre le dieu des ténèbres ? demanda Brin-d'Osier.

— En quelque sorte, répondit le professeur d'un ton évasif.

— On apprend la magie aussi ? ajouta Mot-d'Amour.

Mais elle n'obtint qu'une réponse tout aussi vague.

— Oui, mais ce n'est pas du tout le genre de magie que vous croyez...

— Mais d'où vient le dessin du Chat-Soleil ? demanda à son tour Mandragore.

— Comment ça, d'où il vient ? Vous avez bien vu que je l'ai sorti de ce poêle, non ?

— Quoi ?

— Je plaisantais ! Mais vous n'avez pas le sens de l'humour, à ce que je vois.

Le professeur Barbu désigna de nouveau la feuille de papier.

— On a trouvé ce dessin gravé sur le mur d'un temple en Egypte. Ceci n'en est qu'une photographie.

Les trois élèves sentirent leur cœur cogner plus fort dans leur poitrine. Ils s'imaginaient déjà dans le rôle de l'héroïque Chat-Soleil. Crispant leurs pattes de devant comme s'ils tenaient l'épée magique, ils jetèrent des coups d'œil vers les recoins obscurs sous la table. Ils redoutaient d'y découvrir le serpent géant enroulé sur lui-même.

— Il fait déjà jour, remarqua soudain le professeur. N'oubliez pas, les cours commencent ce soir. Jusque-là, essayez de dormir.

Sur ces paroles, il bondit sur le rebord de la fenêtre avant de disparaître. Les trois chats repérèrent un coin sombre dans la pièce et s'y blottirent pour faire un somme. Mais, trop excités, ils eurent le plus grand mal à trouver le sommeil. Enfin, à force de se tourner et de se retourner, ils s'assoupirent. Dehors, le soleil s'était déjà levé.

Des gémissements dans la grotte de cristal

Brin-d'Osier, Mot-d'Amour et Mandragore se réveillèrent au coucher du soleil et sortirent se promener autour de l'école pour prendre l'air. Afin de marquer son territoire, Mandragore se frottait contre toutes les souches d'arbres et urinait sur tous les rochers qu'il trouvait sur sa route.

— Bonjour ! les saluaient parfois des chats inconnus en les croisant.

Ce devaient être les élèves des autres classes. Dans la cour de l'école, s'élevait un grand orme devant lequel les trois amis aperçurent un chat assis, parfaitement immobile. Ses poils, assez longs – mais tout de même pas autant que ceux du professeur Barbu –, étaient gris mélangé de marron foncé et paraissaient rêches. Mot-d'Amour, trouvant étrange ce chat gris, assis comme un bouddha de pierre, s'approcha de lui et l'interpella.

— Salut !

Le chat gris, sans même lui accorder un regard, continua à contempler le faîte de l'orme. Il avait l'air plein d'assurance, mais dans son expression flottait une ombre indéfinissable. Mot-d'Amour leva la tête, curieuse de voir ce qu'il observait. Mais il n'y avait rien d'autre que les branches de l'arbre.

— Pff ! Quel chat bizarre !

Grommelant dans sa moustache, Mot-d'Amour rejoignit ses camarades. Ils se dirigèrent côte à côte vers la fenêtre de la pièce du sous-sol.

— Il n'a pas l'air méchant, mais... je ne sais pas pourquoi, il ne me fait pas bonne impression, murmura Brin-d'Osier comme pour lui-même.

Il n'en était pas sûr, mais il pressentait une ombre chez le chat gris.

— Qu'est-ce qui te fait dire ça ? demanda Mot-d'Amour, les yeux écarquillés.

Le chat gris devait sûrement lui plaire.

— Oh, rien... répondit Brin-d'Osier, évasif.

Et, sans crier gare, il fit un brusque bond en l'air. Mais, fausse alerte ! ce n'était qu'un moineau qui venait de passer au-dessus de sa tête. En tout cas, cela eut l'heureux effet de détourner l'attention de Mot-d'Amour.

— Les moineaux d'ici sont trop rapides, dit Brin-d'Osier avec nostalgie. Quand j'étais chez Minjun, j'arrivais quand même à en attraper quelques-uns...

Il sauta par la fenêtre et atterrit à l'intérieur de la pièce. Le professeur Barbu n'était pas encore arrivé.

— Au fait, chat de génie, que vas-tu demander au professeur

aujourd'hui ? demanda Mot-d'Amour d'un ton moqueur à Mandragore.

Ce qu'elle voulait, en fait, c'était le ridiculiser pour avoir posé la veille une question stupide. Pour toute réponse, Mandragore se jeta sur elle et menaça de lui arracher les moustaches. Amusé, Brin-d'Osier se lança dans la bataille, dans le camp de Mot-d'Amour. Mais même en unissant leurs forces, ils ne réussirent pas à vaincre Mandragore.

— Ce n'est pas drôle de jouer avec toi, dit Mot-d'Amour, affectant un air désinvolte.

Elle lissa sa fourrure comme si de rien n'était, tandis que Brin-d'Osier et Mandragore léchaient vigoureusement leurs poils emmêlés.

— Moi, il y a quelque chose que j'aimerais vraiment demander au professeur... commença Brin-d'Osier.

— Quoi donc ? voulut savoir Mandragore.

— Il a un collier de cristal autour du cou, mais où a-t-il trouvé cette pierre ? Et vous avez remarqué ? Le directeur de l'école aussi porte un gros morceau de cristal.

— C'est ce que vous n'allez pas tarder à apprendre, car le cours de ce soir consiste justement à visiter la Grotte de Cristal, dit le professeur Barbu qui s'était installé sur le poêle rouillé sans que personne l'ait vu entrer.

Interdits, les trois chats le regardèrent. Comment était-il arrivé là aussi vite ? Etait-ce un tour de magie ?

— Suivez-moi.

Le professeur Barbu s'élança sur une branche d'arbre qui pendait devant la fenêtre. Les trois compagnons le suivirent en file indienne. Dehors, la nuit était déjà tombée et l'obscurité paraissait d'autant plus épaisse que la lune n'était pas encore levée. Après avoir dépassé la châtaigneraie qui entourait l'école, ils gravirent la colline. Se frayant un chemin entre les arbrisseaux couverts de fleurs blanches, ils arrivèrent au pied d'un grand chêne sacré. Le terrain à cet endroit

était assez plat, et çà et là se dressaient des rochers éparpillés.

Le professeur Barbu écarta les branches des arbustes qui poussaient devant le plus gros des rochers. C'est alors qu'ils aperçurent l'entrée d'une cavité, à peine assez grande pour laisser passer un chat. Les trois camarades s'y faufilèrent à la suite de leur professeur. Au bout de quelques pas, ils arrivèrent dans un espace aussi vaste que plusieurs salles de classe réunies. Malgré l'obscurité, le sol, le plafond et les parois de tous côtés luisaient faiblement. Quelque chose de glacial leur piquait les pattes. Ce devaient être les fameuses pierres de cristal.

— Nous sommes venus trop tôt, constata le professeur Barbu. Attendons un peu. On y verra bientôt un peu plus clair.

Ils se mirent à tâter les parois et le sol de la grotte du bout de leurs pattes.

— Ne vous éloignez pas trop, ajouta le professeur d'une voix plutôt tendue. Restez près de moi.

Bientôt la grotte s'éclaira. On aurait dit que la clarté de la lune pénétrait par une crevasse, quelque part dans le plafond. A mesure que la nuit s'avançait, la lune brillait avec de plus en plus d'intensité.

De grands cristaux aux arêtes aiguës s'élevaient du sol. Sous le reflet de la lune, ils émettaient une multitude de lueurs bleuâtres qui se confondaient en une immense lumière étincelante. La grotte tout entière semblait illuminée de bleu.

— Oh, c'est trop beau ! s'exclama Brin-d'Osier.

Mandragore, comme enivré, se mit à arpenter la grotte, frottant ses joues sur chaque arête de cristal. Il voulait sûrement laisser son odeur sur toutes les pierres.

— C'est ici qu'on doit extraire le cristal, dit Brin-d'Osier à Mot-d'Amour en frissonnant. Il fait un peu froid, tu ne trouves pas ?

Il avait l'impression qu'une pointe de glace pénétrait tout au fond de son cœur. Mot-d'Amour et Mandragore, qui devaient éprouver la même sensation, vinrent se blottir contre lui.

— Voilà, nous sommes dans la Grotte de Cristal, annonça le professeur Barbu. Vous savez, il n'est pas donné à tout le monde de toucher le cristal. Car, ainsi que je vous l'ai dit, il a le pouvoir de vaincre l'obscurité. Et comme nous avons tous une ombre plus ou moins grande dans le cœur, le cristal nous fait l'effet d'une lame de glace. Pour être capable de le manier sans risque, il ne faut pas avoir d'ombre dans le cœur.

Le professeur Barbu, pour appuyer ses dires, montrait la pierre de son collier en la tenant dans ses pattes.

— A quoi servait cette grotte autrefois ? demanda Brin-d'Osier. C'est très faible, mais je flaire de nombreuses odeurs de chats.

— Il y a très longtemps, cette grotte abritait l'Ecole des Chats. Mais maintenant, on ne l'utilise presque plus.

— Pourquoi ? demanda Mot-d'Amour.

— Tu le sauras plus tard, fit le professeur pour éluder la question.

La lumière pénétrait jusqu'à l'extrémité de la grotte qui devenait de plus en plus lumineuse. La lune devait être maintenant

haut dans le ciel. Ils s'aperçurent alors que la paroi du fond s'ouvrait sur une autre caverne, plus petite, dans laquelle se déversait la lueur bleuâtre des cristaux. Et tout à coup :

— Ouh... ouh... ouh...

Des sons indescriptibles s'en écoulèrent, pareils à des gémissements. Puis il y eut de longs grondements effroyables, qui éclataient comme des malédictions. Une odeur écœurante de sang et de brûlé chatouilla leurs narines. Instinctivement, ils sortirent leurs griffes et se mirent en position d'attaque, le dos arqué, les dents étincelantes. Leur échine se tendit comme un arc, si fort que les vertèbres craquèrent.

— Détendez-vous, tout va bien, leur conseilla le professeur avec douceur. Cette nuit, la lune doit être plus brillante que prévu. Nous sommes restés trop longtemps. Il faut rentrer maintenant.

Cependant, même s'il s'efforçait de garder son calme, il sentait lui aussi ses longs poils se hérisser sur son dos comme des épines.

Il poussa devant lui ses élèves et tous sortirent de la grotte à la queue leu leu. Une foule de questions se pressaient dans la tête de Brin-d'Osier. Mais pour l'instant, il se sentait incapable de prononcer un mot. Les gémissements provenant de la petite grotte résonnaient encore à ses oreilles, des cris de douleur comme si quelqu'un avait été frappé à de multiples reprises par une épée de glace, un son glacial qui vous parcourait les veines et semblait vous emplir tout le corps...

Longtemps après leur retour dans la salle de classe, les chats restèrent muets.

L'OMBRE DES CHATS

— C'était quoi, ce gémissement que nous avons entendu tout à l'heure ? demanda Mot-d'Amour, brisant enfin le silence.

Brin-d'Osier et Mandragore, les oreilles dressées, fixaient le professeur Barbu avec attention.

— N'essayez pas de tout savoir d'un coup. Avec le temps, vous en apprendrez plus, et cela se fera tout naturellement.

Mais, justement, les trois élèves mouraient d'envie d'en apprendre plus. Car ces sons plaintifs, qui donnaient la chair de poule, leur paraissaient chargés d'une étrange tristesse.

— Si vous tenez absolument à le savoir... je peux vous en dire quelques mots.

Le professeur Barbu hésita un instant avant de poursuivre avec lenteur :

— Ce n'est pas parce qu'ils atteignent l'âge de quinze ans, que tous les chats viennent à l'école. Vous en êtes conscients, n'est-ce pas ?

— Oui, répondit Mot-d'Amour. Certains continuent à vivre avec les humains et d'autres se font vagabonds.

— C'est effectivement le cas pour la plupart. Mais il y en a également qui deviennent des ombres.

— Des ombres ?

— Vous en avez déjà rencontré ?

— Non, j'ai seulement l'impression d'avoir vu un jour quelque chose qui y ressemblait, murmura Brin-d'Osier d'une voix mal assurée.

— Quand ? demanda Mot-d'Amour, les yeux remplis de curiosité.

— C'était chez Minjun. Il pleuvait ce jour-là. Quelque chose comme l'ombre d'un chat a traversé rapidement la pièce principale de la maison. J'ai ressenti à peu près la même chose qu'en entendant les gémissements dans la grotte. Mais bien sûr, ce n'était pas aussi fort.

Comme s'il avait senti un courant d'air froid, Brin-d'Osier frissonna malgré lui.

— Ce que tu as vu était probablement l'ombre d'un chat, dit le professeur. Il arrive que des chats abandonnés par les humains leur en gardent rancune. A force d'en vouloir aux hommes, ils n'arrivent même plus à vivre tout seuls. Et plus le temps passe, plus ils s'accrochent à leur rancune. Ils deviennent alors comme une ombre obscure de l'humanité. Les chats qui vivent ainsi, on les appelle des ombres.

Le professeur Barbu fronça les sourcils, l'air grave.

— Ça veut dire que les plaintes de tout à l'heure... dit Mot-d'Amour.

— Oui, cela venait d'un chat-ombre. C'était le roi des ombres. Nous l'appelons le Chat Noir.

— Pourquoi le Chat Noir se trouve-t-il dans la Grotte de Cristal ?

Le professeur réfléchit quelques secondes avant de répondre :

— Ça s'est passé à l'époque où Chaussettes, notre actuel directeur, était professeur principal de la classe de Cristal, c'est-à-dire il y a très longtemps. Les ombres ont attaqué l'école. Comme je vous l'ai dit tout à l'heure, à l'époque, l'école se tenait dans la Grotte de Cristal. C'était le jour de l'éclipse solaire. Une multitude d'ombres ont envahi la grotte.

— L'éclipse solaire ? Qu'est-ce que c'est ? demanda Mandragore.

Mot-d'Amour lui donna un coup de patte, comme pour dire : « Tu ne sais même pas ça ? »

— Et toi, tu le sais ? lança Mandragore. Je parie que non...

— C'est quand la lune cache le soleil, chat de génie !

Furieux des moqueries de Mot-d'Amour, Mandragore se jeta sur elle. Le professeur, sans leur prêter attention, continua en hochant la tête :

— C'est exact, Mot-d'Amour. Quand la lune cache le soleil, le monde se retrouve plongé dans l'obscurité. A mesure que l'éclipse approche, les ombres gagnent en force et leur nombre augmente. Puis, pendant l'éclipse, le cristal perd son pouvoir de vaincre

l'obscurité. C'est pourquoi beaucoup d'élèves et de professeurs de l'Ecole des Chats furent blessés ou perdirent la vie ce jour-là. En fait, l'école faillit disparaître totalement.

Brin-d'Osier ravala sa salive. Mot-d'Amour et Mandragore, arrêtant leur bagarre, dévisagèrent le professeur Barbu. Celui-ci reprit :

— Le directeur de l'école mourut. Tous les professeurs et les élèves des autres classes furent tués, et seuls trois élèves de la classe de Cristal, avec Chaussettes, leur professeur principal, résistèrent et combattirent jusqu'au bout. A cette époque-là, la classe comptait beaucoup d'élèves, mais seuls ces trois-là survécurent. Les ombres étaient trop nombreuses. Chaussettes et ses trois élèves, épuisés, étaient à deux doigts de succomber à leur tour.

— Que s'est-il passé alors ? demanda Mandragore, toutes les fibres de son corps tendues à se rompre. Que sont devenus les quatre chats qui se battaient contre le Chat Noir et ses ombres ?

— Ce fut un rude combat. Mais c'est alors que le soleil commença à se libérer de la lune. Le Chat Noir avait dû penser qu'il gagnerait la bataille avant la fin de l'éclipse, mais ces quatre chats avaient résisté plus longtemps. Lorsque les rayons du soleil pénétrèrent dans la grotte, les cristaux se mirent à briller et les ombres fondirent sous leur éclat. Même le Chat Noir, si puissant, perdit son pouvoir. Les quatre chats le capturèrent et l'emprisonnèrent derrière des colonnes de cristal, au fond de la grotte.

Le professeur Barbu, sous le coup de l'émotion, poussa un profond soupir. Mandragore l'imita.

— Et que sont devenus les trois chats qui étaient élèves à l'époque ? demanda Mot-d'Amour.

— Tous avaient été grièvement blessés dans cette féroce bataille, et deux d'entre eux ont fini par succomber peu de temps après. Notre actuel directeur et un autre élève furent les seuls survivants.

— Cet élève rescapé... ce ne serait pas vous, par hasard, professeur ? demanda Brin-d'Osier timidement.

Le professeur Barbu secoua la tête avec un sourire.

— Je n'étais même pas né à l'époque. J'ai entendu dire que l'élève survivant, une fois guéri de ses blessures, était parti en pèlerinage. Il disait qu'il voulait continuer à apprendre. C'était il y a très longtemps. Depuis, aucun chat n'a eu de ses nouvelles. Peut-être qu'il étudie tout en parcourant les forêts et les rivières du monde entier, comme notre directeur l'a fait en son temps. Je ne peux m'empêcher de l'envier. On dit qu'il a frotté son museau contre celui de Chaussettes.

Il fixa son regard sur Brin-d'Osier et le considéra pensivement. Au souvenir des paroles de Boîte-à-Lettres, celui-ci sentit son visage s'enflammer et son cœur battre plus fort : « A ma connaissance, tu es le deuxième chat jusqu'à maintenant qui ait frotté son nez contre celui du directeur. »

Tous restèrent un moment plongés dans leurs pensées. Chacun s'efforçait d'imaginer la scène du farouche combat qui s'était déroulé dans la Grotte de Cristal. Ils songeaient aussi au Chat Noir enfermé dans les profondeurs de la caverne.

Le professeur Barbu reprit la parole :

— Depuis cette bataille, on ne sélectionne plus que trois élèves pour la classe de Cristal. C'est en l'honneur des trois chats qui se sont battus jusqu'à la fin contre le Chat Noir.

Brin-d'Osier, Mot-d'Amour et Mandragore se sentaient en proie à des sentiments mêlés, à la fois fiers, tristes et effrayés...

— Le Chat Noir est prisonnier, mais il reste très dangereux, continua le professeur. Il ne faut jamais aller seul dans la Grotte de Cristal. L'histoire de cette grotte doit rester un secret. C'est une leçon particulière réservée aux élèves de votre classe. A partir de ce soir, vous suivrez les cours en commun avec les autres sections. Mais vous ne devez jamais révéler ce secret à vos camarades. Eux aussi, de leur côté, assistent à des cours qui leur sont spécialement destinés et que vous ne devez pas entendre.

Après avoir répété ses recommandations, le professeur Barbu sauta sur le rebord de la fenêtre. Le jour se levait déjà.

LA BANDE À VIKING

Mot-d'Amour se réveilla de bonne heure. Au bruissement qu'elle fit en se levant, Brin-d'Osier et Mandragore dressèrent les oreilles. Elle envisagea un instant de jouer un tour à Mandragore qui dormait encore profondément. Mais, se ravisant, elle bondit sur la fenêtre en prenant grand soin de ne faire aucun bruit. Mandragore ouvrit un œil et le renferma aussitôt en poussant un grognement.

Le soleil n'était pas encore très haut. Pas un chat en vue, il devait être trop tôt. Le temps promettait d'être clair, splendide. Mot-d'Amour traversa la cour et se dirigea vers l'orme.

— Que pouvait-il donc regarder là-haut, ce chat gris ? songeait-elle.

D'un bond, elle se retrouva sur la table posée sous l'arbre. C'était là que le chat gris s'était tenu la veille. Renversant la tête en arrière, elle contempla pendant un long moment la cime de l'orme. Mais il n'y avait rien que les branches se balançant dans la brise et les rayons du soleil miroitant entre les feuilles.

— C'est ma place ! dit une voix bourrue derrière son dos.

C'était le chat gris.

— Tu sais parler ? demanda Mot-d'Amour. Et moi qui te croyais muet ! Dans ce cas, explique-moi pourquoi c'est ta place ici.

— Quand on te dit de descendre, fais-le, un point c'est tout, intervint une autre voix. Il n'y a pas à discuter.

Cette voix-là appartenait à un chat marron clair aux rayures foncées. A voir les rides profondes qu'il avait entre les yeux, on devinait tout de suite qu'il avait très mauvais caractère.

— De quoi tu te mêles ? Je ne t'ai rien demandé ! lança Mot-d'Amour, piquée au vif.

— Voici Lynx, et moi je suis Viking, répondit le chat gris. Nous sommes dans la classe des Chats sauvages.

— Je m'appelle Mot-d'Amour, de la classe de Cristal. Pourquoi dis-tu que c'est ta place ici ?

En apprenant qu'elle faisait partie de la classe de Cristal, Viking ne put retenir une grimace d'amertume.

— Je viens des forêts de Norvège, expliqua-t-il. Les chats de ma race vénèrent les ormes. Nous croyons que le premier chat et la première chatte sont sortis de l'un de ces arbres. Ils étaient les ancêtres des chats de Norvège. Nos aïeux ont voyagé sur toutes les mers en compagnie des Vikings. C'est pour ça qu'on m'a donné ce nom.

— Nous, les chats siamois, nous avons aussi un lien particulier avec les ormes... prétendit Mot-d'Amour, qui n'avait pas envie de céder sa place aussi facilement.

— Tu fais la fière parce que tu es dans la classe de Cristal? gronda le dénommé Lynx.

— Les Vikings? coupa une autre voix. Ce ne sont pas ces pirates qui jadis écumaient les mers froides de l'hémisphère nord? Autrement dit, des brigands!

C'était Mandragore. De derrière l'orme, il surgit, suivi de près par Brin-d'Osier. Ils avaient dû se lancer à la recherche de Mot-d'Amour, peu après son départ. Mandragore fit le tour de l'arbre à pas lents, tout en urinant quelques gouttes ici et là. En le voyant faire, Lynx, les poils du dos hérissés, émit un

feulement menaçant. Car, par son petit manège, Mandragore signifiait qu'il ne tenait aucun compte des limites du territoire de Viking. Lorsqu'il s'approcha, Lynx cracha, ramassé sur lui-même, prêt à l'attaque.

— L'orme est sacré pour les chats des forêts de Norvège, prévint Viking. Ce que tu viens de faire est impardonnable. Ça ne se passera pas comme ça !

— Si tu veux rendre hommage à un orme, retourne dans tes forêts, répliqua Mandragore, sans se laisser intimider.

Lynx se tassa encore plus et gratta violemment le sol avec sa patte de devant. Plus que jamais, il était décidé à en découdre.

— Regardez-moi ça ! Vous avez été distingués entre tous les chats pour étudier dans cette école, et vous voulez vous battre comme des chiffonniers ? C'est honteux ! Si on essayait plutôt de trouver une autre solution ?

Sursautant, tous se tournèrent vers l'endroit d'où venait la voix. Un chat blanc tacheté de noir s'avança, arborant un sourire sournois.

— Je m'appelle Jojo, dit-il. C'est l'homme avec qui je vivais qui m'a donné ce nom. C'était un passionné du roman classique chinois *Les Trois Royaumes*. Les hommes sont tous comme ça. Ils baptisent leurs chats du nom de ce qu'ils aiment. Celui-là, c'était le personnage de Jojo dans son livre préféré. Je fais partie de la classe des Chats sauvages.

Désarçonnés, Mandragore et Brin-d'Osier se présentèrent à leur tour. L'atmosphère se détendit petit à petit.

— Tu as une meilleure idée ? demanda Viking.

— Bien sûr ! Vous pourriez marcher sur les pattes arrière, faire des sauts périlleux, ou tourner en rond en vous mordant la queue... Les idées ne manquent pas. Qu'en pensez-vous ? C'est trop banal ? Alors, si on faisait un concours de magie ? En tant qu'élèves de l'Ecole des Chats, vous devriez au moins être capables de cela.

— C'est une bonne idée, approuva Viking.

— Quelle sorte de magie ? Nous n'avons encore rien appris, dit Brin-d'Osier en regardant Viking d'un air de doute.

— La magie qu'on enseigne dans cette école n'est qu'un jeu d'enfant, affirma Viking, crâneur. Pas la peine de suivre des cours. On peut très bien s'exercer tout seuls.

— Ils sont soi-disant dans la classe de Cristal, ironisa à son tour

Lynx, mais je suis sûr qu'en fait ils sont incapables du moindre tour de magie. On parie ?

— Très bien, allons-y ! s'exclama Mot-d'Amour avec emportement. Alors comme ça, tu t'appelles Lynx ? Moi, je trouve que tu ressembles plutôt à une hyène.

— Quoi ? Une hyène ?

Lynx s'élançait sur elle, toutes griffes dehors, quand il trébucha et perdit l'équilibre. De toute sa masse imposante, Mandragore venait de lui asséner un grand coup dans le dos. Lynx fit demi-tour et bondit sur lui. Sans succès ! Il eut beau s'y reprendre à plusieurs fois, il se retrouvait toujours par terre, hors d'haleine. Il fallait se rendre à l'évidence, il ne faisait pas le poids contre un adversaire comme Mandragore.

— Arrêtez ! cria Viking.

— Bon, alors, c'est pour quand, ce match ? demanda Jojo avant d'ajouter, moqueur : Peut-être pas tout de suite, si vous n'êtes pas prêts. Mais dans une semaine environ, ça vous va ?

— Tout bien réfléchi, je trouve que ce n'est pas très raisonnable de faire un concours de magie maintenant, dit Brin-d'Osier en secouant la tête. Peut-être dans quelques mois...

— Comment se fait-il que des chats aussi médiocres aient pu être admis dans la classe de Cristal ? dit Lynx en prenant un air supérieur. Vous devriez échanger avec nous, ça ne vous dit pas ?

— Attendez un peu, on va vous montrer ! rétorqua Mandragore, brusquement fâché. D'accord pour dans une semaine.

C'est pas des chats comme vous qui vont me faire peur. Vous êtes tout juste bons pour la parlotte.

— Ce sera donc dans une semaine, conclut Jojo.

— Entendu, dit Viking. Quant au lieu et à l'heure, on verra ça plus tard.

Viking pouvait bien faire le fanfaron, n'empêche qu'au fond de lui il se sentait mal à l'aise. Comment en étaient-ils arrivés là ? se demandait-il. Car, il fallait bien l'avouer, ils ignoraient tout de la magie. Il jeta un coup d'œil à Jojo. Ils étaient tous les deux dans la même classe, pourtant, ils ne s'étaient jamais adressé la parole jusque-là.

— Partons, Lynx.

Viking tourna les talons, donnant au passage un grand coup de queue à son camarade. Brin-d'Osier, voyant la bande s'éloigner en rigolant, ne put se défendre de froncer les sourcils.

On élit un chef

Brin-d'Osier, Mot-d'Amour et Mandragore partirent vers la clairière où s'ouvrait l'entrée de la Grotte de Cristal. Comme l'endroit n'était pas facile à trouver pour les autres chats, c'était un lieu idéal pour leurs réunions secrètes.

— Mandragore, je trouve que tout à l'heure, tu ne t'en es pas mal sorti. Et moi qui croyais que tu n'étais bon que pour la bagarre! J'ai découvert qu'en fait tu étais aussi très doué pour te battre avec des mots.

— Grâce à mon physique de costaud, j'étais toujours le chef de la bande dans mon quartier, dit Mandragore, avec un large sourire de satisfaction. C'est pour ça que je ne perds jamais dans les bagarres. Mais, dis-moi, est-ce que Viking ne te plairait pas un brin, par hasard?

— Où vas-tu chercher des idées aussi farfelues? rétorqua Mot-d'Amour, les yeux ronds.

— Alors, pourquoi es-tu allée toute seule sous l'orme ?

— Comme ça, pour prendre l'air.

— Mensonge ! Admets-le, tu l'aimes bien ? insista Mandragore avec un rire moqueur.

Et il donna un coup d'épaule à Mot-d'Amour qui perdit l'équilibre.

— Je te dis que non ! s'écria-t-elle sèchement en sautant sur lui.

Les deux chats roulèrent sur le sol, puis s'immobilisèrent tout à coup. Brin-d'Osier était tellement silencieux, cela les mettait mal à l'aise.

— Brin-d'Osier, qu'est-ce que tu as ? interrogea Mot-d'Amour.

— Plus j'y pense, plus je crois que nous nous sommes fait avoir. C'était absurde d'accepter un match de magie dans une semaine.

— C'est vrai ! approuva Mot-d'Amour, embarrassée.

Elle coula un regard furtif vers Brin-d'Osier :

— Par quel miracle allons-nous réussir à maîtriser la magie en quelques jours ? Est-ce que le professeur Barbu va nous apprendre ? Ça m'étonnerait ! Tout ça, c'est à cause de Lynx... Il m'a bien énervée, celui-là...

— Tu as raison, grommela Mandragore. Ce voyou de Viking était aussi très arrogant... Oh, et puis après tout, on verra bien.

Brin-d'Osier secoua la tête.

— Si vous voulez mon avis, dit-il, le vrai danger, c'est Jojo. Lynx est féroce, mais naïf. Quant à Viking, bien que la modestie ne

l'étouffe pas, il n'est pas mauvais au fond. Mais Jojo est différent. La situation n'avait rien de grave. On aurait pu la régler par une simple bagarre. Pourtant il a bel et bien réussi par la ruse à nous convaincre d'accepter ce tournoi de magie.

Brin-d'Osier se sentait extrêmement vexé d'être tombé comme ça, bêtement, dans le piège de Jojo.

— Vous croyez qu'ils apprennent aussi la magie dans leur classe ? demanda Mot-d'Amour. Jojo avait l'air bien sûr de lui.

Elle se représenta les Chats sauvages pratiquant toutes sortes d'habiles tours de magie et d'acrobatie. Puis elle s'imagina après la défaite, ses deux camarades et elle, la tête basse...

— Jojo est très malin, ajouta-t-elle. Je suis sûre qu'il avait tout manigancé depuis le début. Nous aussi, il faut qu'on prépare quelque chose de notre côté.

— Quoi, par exemple ? dit Mandragore avec impatience.

Mot-d'Amour se creusa la tête pour trouver un plan génial.

— Attends un peu, marmonna-t-elle. Hum... oui, c'est ça ! Il nous faut un chef ! Brin-d'Osier, c'est toi le chef.

— Moi ?

— Pourquoi lui ? objecta Mandragore. Je suis le plus fort. C'est moi qui devrais être le chef.

— Regarde un peu ce qui s'est passé aujourd'hui, raisonna Mot-d'Amour. Je veux dire, la façon dont Jojo s'est comporté. Il ne s'agit pas de choisir un chef de bande. Ce n'est pas une question de force.

Elle se tourna vers Brin-d'Osier.

— C'est toi le chef. Parce que, toi au moins, tu sais réfléchir et nous conseiller quand il le faut. Tu es comme un vieux sage.

— Très bien, finit par acquiescer Mandragore. Je suis d'accord, c'est Brin-d'Osier qui ressemble le plus à Jojo.

— Quoi ? s'écria Brin-d'Osier. Je suis un vieux sage ? Je ressemble à Jojo ? C'est tout, oui ?

Et avec un sifflement de rage, il se jeta sur Mandragore et Mot-d'Amour. Les trois chats roulèrent par terre.

LA BANDE DE VIKING EST PUNIE

— Arrêtez ! J'ai l'impression qu'on nous regarde, dit Mot-d'Amour, se figeant tout à coup.

Elle scruta les alentours d'un long regard circulaire.

— Comment ça, on nous regarde ? dit Mandragore, levant à son tour la tête.

— Là-bas, cria Brin-d'Osier qui avait distingué quelque chose.

D'un bond, il s'élança vers le chêne sacré, aussitôt suivi par ses deux camarades. Une ombre noire disparut prestement entre les buissons touffus. Les trois chats se clouèrent sur place.

— Qui cela peut-il être ?

— Ça devait être Viking et sa bande... grogna Mandragore.

— Si ces minables rats nous ont découverts, c'est la fin de notre cachette secrète, ajouta Mot-d'Amour en plissant les yeux vers le bois que l'obscurité envahissait peu à peu.

— Rentrons, dit Brin-d'Osier. C'est bientôt l'heure du cours.

Et aussitôt dit, aussitôt fait, il dévala le versant de la colline.

Le premier cours, une leçon d'histoire, devait se dérouler dans la pièce du sous-sol, la salle principale de la classe de Cristal. C'était le professeur Barbu qui enseignait cette matière.

Dès que Brin-d'Osier et ses deux amis entrèrent dans la pièce, Viking, prenant un ton supérieur, les interpella :

— Alors, ça avance, la magie ?

Mis à part les chats de sa bande, il n'y avait personne d'autre dans la salle.

— Si vous préférez renoncer, faites-le-nous savoir, dit Lynx avec un sourire sarcastique qui découvrit ses canines.

— Occupez-vous de vos oignons, au lieu de vous inquiéter des autres, rétorqua froidement Mandragore.

Brin-d'Osier, Mot-d'Amour et Mandragore s'installèrent sur leur table habituelle. Viking et sa bande étaient assis sur divers tas de vieilleries au fond de la pièce, Viking sur un amas de câbles électriques et de tuyaux de caoutchouc enchevêtrés, Jojo au sommet d'un amoncellement de caisses solidement clouées. Quant à Lynx, il restait collé contre Viking, comme s'il avait été son garde du corps.

— Regardez-les ! grommela Brin-d'Osier. On dirait qu'ils ont choisi leur place selon leur nature.

— Que veux-tu dire ? demanda Mot-d'Amour en jetant un coup d'œil à Viking.

— Viking s'est assis sur un tas de tuyaux emmêlés. Ça veut dire que son cœur est aussi tordu que ces tuyaux. Jojo est impénétrable ; c'est pour ça qu'il se tient sur une pile de caisses hermétiquement fermées.

Mot-d'Amour se mit à glousser. Mandragore, qui n'avait pas tout saisi, considéra un moment la bande avec perplexité, puis soudain pris d'un fou rire, se roula par terre en se tenant le ventre à deux pattes.

Viking et sa bande, se rendant compte qu'on se moquait d'eux, fusillèrent Brin-d'Osier du regard.

Quelques instants plus tard, les autres chats de l'école commencèrent à arriver. Ceux de la classe des Chats sauvages se réunirent autour de Viking, tandis que ceux de l'Assemblée nocturne prenaient place dans des pots de terre et des casseroles éparpillées sur le sol.

A voir tous ces chats au milieu des ustensiles dispersés pêle-mêle dans la pièce, on aurait cru qu'un esprit était sorti de chaque objet, tel un génie engourdi après une longue période d'ensorcellement, et que se retrouvant enfin libre de ses mouvements, il essayait de se détendre. Il y avait vraiment de tout dans cette salle de classe ! Et chacun vaquait à ses petites affaires dans son coin : un chat, tout ensommeillé, piquait du nez, la langue entre les dents ; un autre tournait en rond sur lui-même pour essayer d'attraper sa queue ; un autre encore s'étirait par terre, son ventre blanc à l'air...

— Tout le monde est là ?

Fidèle à son habitude, le professeur Barbu apparut soudain sur le poêle rouillé, comme s'il en avait jailli sans que personne s'en aperçoive.

— Si le poêle rouillé avait un esprit, il ressemblerait à cette pelote de laine, murmura Brin-d'Osier dans ses moustaches, avec un léger sourire.

— Qu'est-ce que c'est que ce tas de laine ?

— C'est un chat, ça ?

La pièce était si silencieuse que les remarques moqueuses de la bande de Viking parvinrent jusqu'aux oreilles du professeur Barbu.

— Vous là-bas, vous êtes de la classe des Chats sauvages ? demanda-t-il en les fixant d'un regard sévère. Vous avez quelque chose à dire ?

Viking et sa bande, intimidés, se turent aussitôt.

— Je m'appelle Aladin, poursuivit le professeur. Dans cette école, on me surnomme Barbu. Je suis le professeur principal de la classe de Cristal et j'enseigne l'histoire des chats.

Il dévisagea les élèves tour à tour, essayant d'imprimer leur image dans son cerveau.

— Tu as entendu ? Cette pelote de laine s'appelle Aladin.

— C'est le prof principal de la classe de Cristal ? Tu veux rire ? Je le verrais plutôt dans une classe de tricot !

Viking et sa bande recommencèrent à jacasser.

— Comment vous appelez-vous ? demanda le professeur Barbu en élevant la voix. Si vous avez des choses à dire, parlez plus fort.

Silence.

— Vous n'avez rien à dire ? Bon, alors, comme punition pour vous être moqués de votre professeur pendant qu'il avait le dos tourné, vous ferez cinq sauts périlleux sur place, gronda-t-il. Vous pouvez bavarder autant que vous voulez. Mais se moquer de quelqu'un derrière son dos, ce n'est pas digne d'un chat.

La bande de Viking ne pipa mot, se bornant à afficher une moue de mécontentement.

— Pourquoi restez-vous immobiles ? Vous ne savez pas faire le saut périlleux ? Alors, laissez-moi vous aider.

Le professeur Barbu murmura quelques mots inaudibles et se gratta plusieurs fois sous les oreilles. Puis il pointa la pierre de cristal pendue à son cou vers les trois chats. C'est alors que des phénomènes tout à fait stupéfiants se produisirent. Viking, Lynx et Jojo se mirent soudain à se tortiller dans tous les sens. Malgré leurs efforts désespérés pour maîtriser leurs mouvements, leurs pattes, refusant de leur obéir, gigotaient de manière anarchique.

— Ooooh ! cria Lynx en s'élevant tout à coup dans les airs.

Et il se mit à tourner comme un soleil.

— Oh là là ! Retenez-moi !

Viking, à son tour, se lança dans des pirouettes désordonnées,

tandis que Jojo, le corps agité de tremblements, résistait, les dents serrées. Finalement, il s'envola lui aussi dans les airs, la queue la première, et exécuta plusieurs acrobaties. La scène était si drôle que tous les chats de la classe éclatèrent de rire.

Une fois les voltiges terminées, Lynx et Viking, penauds, baissèrent la tête. Quant à Jojo, les yeux flamboyants de rage, les mâchoires crispées, il lança un regard furibond au professeur Barbu.

— Bien fait pour eux ! dit Mandragore en se léchant les babines de satisfaction.

— Tu avais raison, Brin, ajouta Mot-d'Amour, on dirait bien que Jojo n'est pas un chat ordinaire.

— C'est vrai, il y a quelque chose d'étrange en lui.

LE CHAT DE LA PROPHÉTIE

— Bon, mettons-nous au travail, à présent.

Le professeur Barbu frappa quelques coups sur le tuyau du poêle rouillé. En entendant prononcer le nom « travail », tous se mirent soudain à s'affairer, comme s'ils s'étaient donné le mot. Certains se grattaient sous l'oreille, d'autres léchaient leur fourrure avec application, d'autres encore faisaient mine d'attraper des souris. En les voyant s'agiter ainsi, le professeur Barbu eut un sourire de contentement.

— Je vois que vous connaissez bien le règlement de l'Ecole des Chats. Pendant le cours, c'est exactement ce que vous devez faire, au moins trois fois. En revanche, il est interdit de vous bagarrer ou de dire du mal de quelqu'un dans son dos.

Le professeur Barbu ouvrit le couvercle du poêle rouillé et en sortit deux rouleaux de papier, ainsi qu'une longue et fine baguette de cristal. Tous les regards convergèrent vers lui. Il accrocha les

deux rouleaux sur le tuyau du poêle et les laissa se dérouler. C'étaient deux dessins sur lesquels figuraient des chats. L'un d'eux, celui que la classe de Cristal avait déjà vu, représentait le Chat-Soleil en train de trancher le serpent géant avec l'épée magique. L'autre montrait une chatte assise sur un trône comme une reine.

— Regardez bien ceci.

Le professeur Barbu désigna de sa baguette le tableau du Chat-Soleil. La lumière bleuâtre émise par le cristal illumina l'image.

— Notre histoire à nous, les chats domestiques, commence en Egypte. Regardez ce dessin. A cette époque-là les chats rendaient de multiples services aux hommes. C'est pourquoi les Egyptiens adoraient le dieu du Soleil sous la forme d'un chat mâle.

Puis la baguette de cristal désigna le dessin de la chatte assise sur un trône.

— La chatte que vous voyez ici représentait pour les Egyptiens la déesse de la Terre.

Toutes les chattes de la classe relevèrent le menton avec fierté. Le professeur Barbu tapota l'une de ses pattes de devant avec la baguette de cristal et continua :

— Ce fut une période de grande prospérité pour les chats. Dans notre histoire, on l'appelle l'Age d'or.

Tous les élèves, ravalant leur salive, regardaient le dessin avec attention. Dans la pièce, on aurait entendu une mouche voler.

— Ça n'a plus été l'Age d'or après cette période ? demanda brusquement Brin-d'Osier, rompant le silence.

Les autres chats, intrigués, tournèrent les yeux vers lui.

— C'est exact, répondit le professeur. L'Age d'or des chats s'est terminé avec l'ancienne Egypte.

— Pourquoi ?

Le professeur Barbu ouvrit le couvercle du poêle et en sortit deux autres rouleaux de papier. Puis il roula les dessins suspendus au tuyau avant de les ranger à leur place dans le poêle. Lorsqu'il étala les deux nouvelles feuilles, des sifflements de colère fusèrent d'un peu partout parmi les élèves. Sur le premier tableau, on voyait une sorcière attachée à un poteau au milieu des flammes. Sur le deuxième, des hommes pourchassaient des chats et les jetaient dans un feu.

— Au Moyen Age, en Europe, l'idée se répandit que les chats étaient des créatures maléfiques. C'est ainsi que les relations entre les hommes et les chats se sont dégradées. A l'époque, les hommes avaient très mauvaise opinion des sorcières. Ils croyaient qu'elles se livraient à la magie noire pour leur faire du mal. C'est pour ça qu'ils les brûlaient. Les hommes considéraient les chats comme les serviteurs des sorcières. Ils croyaient que, comme elles, ils pratiquaient la magie noire pour nuire aux humains. Les chats devaient vivre cachés dans le noir. Dans l'histoire des chats, on appelle cela la période de l'obscurantisme. Cela veut dire que c'était une période sombre, comme une nuit sans lune. Regardons maintenant un autre dessin.

Le professeur Barbu souleva de nouveau le couvercle du poêle et en sortit deux autres rouleaux. Intrigués, les chats, tendant le cou, regardèrent le couvercle avec attention. Combien de choses ce poêle contenait-il encore ? A coup sûr, le professeur Barbu devait recourir à la magie. Sinon, comment aurait-il pu extraire autant d'objets d'un poêle si petit ?

Le professeur Barbu déploya les deux nouvelles feuilles de papier.

— Waouh ! C'est notre directeur ! s'exclamèrent les chats en chœur.

Sur le tableau, Chaussettes semblait fixer les élèves d'un regard solennel. Mais en l'observant de plus près, on se rendait compte que ce n'était pas Chaussettes. En effet, ce chat-là n'avait pas de tache blanche à côté du nez. Derrière lui, on voyait plusieurs moines vêtus de robes orange ainsi qu'une tour au sommet pointu.

Sur l'autre dessin, apparaissait une gigantesque construction enfouie dans la jungle. Plusieurs grandes sculptures en forme de visage humain surplombaient les portes.

Le professeur pointa sa baguette sur le premier dessin.

— Il y a trois mille ans, les chats domestiques d'Egypte ont commencé à se répandre dans les autres pays. Pas seulement en Europe, mais aussi dans les contrées d'Asie, comme en Birmanie, en Chine, en Corée, etc. Ce fut une vraie chance, car en Asie, les humains avaient d'excellentes relations avec les chats. Regardez, le chat de ce dessin ressemble beaucoup à notre directeur. C'est un chat sacré de Birmanie. On lui a donné ce nom parce qu'il vivait près des temples de ce pays. Derrière lui, vous voyez les moines et la pagode ? Les moines birmans considéraient les chats comme des êtres sacrés, car le chat birman avait un pouvoir mystérieux.

— Notre directeur est aussi un grand magicien, alors ? demanda un chat qui, semblait-il, appartenait à la classe de l'Assemblée nocturne.

— Eh bien, ce n'est pas le genre de magie que vous imaginez... En tout cas, il est vrai qu'il possède un grand pouvoir. Maintenant, voyons ce dessin. C'est le temple d'Angkor Vat, où vivaient les chats birmans. C'est là que l'Ecole des Chats a été fondée. Il y a environ mille ans, se dressait à cet endroit une grande ville avec de nombreux temples, mais aujourd'hui ce n'est plus qu'une jungle inhabitée. D'après ce qu'on raconte, lorsque l'Ecole des Chats a ouvert ses portes pour la première fois là-bas, notre directeur a été le premier élève de la classe de Cristal.

Tous les chats, estomaqués, en restèrent bouche bée.

— Ça veut dire que Chaussettes... je veux dire, notre directeur, a plus de mille ans? demanda Mandragore, les yeux ronds. Comment est-ce possible?

— Tu aimes l'arithmétique, à ce que je vois. Tu m'as déjà demandé combien le Chat-Soleil avait tué de serpents...

Mot-d'Amour pouffa.

— En fait, personne ne le sait, reprit le professeur, l'air énigmatique. Mais une chose est sûre: il n'y a aucun chat au monde qui soit plus âgé que notre directeur.

— Comment se fait-il que l'école, qui se trouvait à Angkor Vat, ait déménagé jusqu'ici? demanda Viking.

Pris de court, le professeur Barbu le considéra un bref instant.

— Notre directeur a voyagé dans le monde entier, dans l'espoir que la prophétie se réalise.

— La prophétie?

— Parfaitement! Dans l'histoire des chats, l'époque présente, celle où nous vivons, est appelée l'Age noir et blanc. Comme vous le savez, il y a des humains qui vivent en bonne intelligence avec les chats, et d'autres non. Quant aux chats eux-mêmes, certains sont de cristal et d'autres sont des ombres...

Le professeur Barbu sauta au bas du poêle et poursuivit ses explications, tout en faisant les cent pas parmi ses élèves.

— Dans l'Age noir et blanc, il y a des chats qui naissent par deux, comme de vrais jumeaux. Ils sont doués d'un pouvoir magique. L'un devient un chat de cristal et l'autre une ombre. Mais ces jumeaux se battent entre eux. C'est quelque chose d'horrible.

— Alors, notre directeur et vous, professeur, vous avez chacun un frère jumeau ? demanda Mot-d'Amour, les yeux brillants.

Le professeur Barbu réfléchit une seconde avant de répondre :

— Oui, nous avons des frères jumeaux qui sont devenus des ombres. Se battre férocement entre frères pendant presque mille ans est une terrible tragédie. C'est pourquoi, depuis longtemps, nous espérons de tout cœur que l'Age noir et blanc se terminera bientôt.

— Mais la prophétie dont vous nous avez parlé, qu'est-ce que c'est ? demanda Jojo avec impatience.

— C'est ce que j'allais vous raconter. Il y a une légende qui se transmet dans le monde des chats depuis des temps immémoriaux. Comme cette prophétie a commencé à circuler à l'aube de l'Age noir et blanc, elle remonte à environ mille ans.

— Mille ans ?

— Je crois que c'est à peu près ça. Selon la prophétie, un jour viendra où un chat, sans avoir de frère jumeau, sera doué de pouvoirs magiques. Ce chat ouvrira un nouvel Age d'or. Le directeur et moi avons parcouru le monde entier en quête du chat annoncé par la prophétie. Nous avons ouvert une Ecole des Chats dans de nombreux pays. Mais nous sommes toujours à sa recherche.

De lourds soupirs se firent entendre un peu partout dans la salle. Mot-d'Amour, accablée, s'allongea à plat ventre. Viking, la mine maussade, s'écroula par terre.

— Ça suffit pour aujourd'hui, dit le professeur. Vous pouvez sortir prendre l'air.

Et pour signaler la fin du cours, il tapa légèrement le tuyau du poêle avec sa baguette de cristal.

Les chats, un par un, sautèrent sur la fenêtre et descendirent dans la cour.

Le secret de la grotte de cristal

Le professeur Barbu ouvrit le couvercle du poêle et y glissa les dessins et la baguette de cristal. Puis il en sortit un petit instrument de musique qui ressemblait à une guitare. Après l'avoir accordé, il se mit à chanter.

Il y a très longtemps,
Avec mon frère, mon vrai jumeau,
Je me suis battu,
Il y a très longtemps,
C'est une triste histoire,
Ah! ah! triste histoire d'il y a très longtemps...

La voix du professeur Barbu était pure et douce. Ce qui, vu son physique, était plutôt inattendu! Les accents tristes et poignants de la chanson remplirent la pièce et s'échappèrent par la fenêtre. Les chats qui étaient restés dans la salle, occupés à se gratter sous les oreilles ou à faire leur toilette, se rassemblèrent autour de leur professeur. Ceux qui étaient déjà sortis dans la cour l'observaient par la fenêtre.

Le professeur s'arrêta de chanter.

— Sortez tous, je dois me reposer, dit-il.

Les chats, tout en jetant des coups d'œil furtifs par-dessus leur épaule, sortirent dans la cour. Mot-d'Amour et Mandragore les suivirent. Mais Brin-d'Osier s'approcha du professeur.

— Professeur, j'ai une question à vous poser.

Le professeur, reposant son instrument de musique, se tourna vers lui.

— Quelle est ta question ? Ça ne peut pas attendre le prochain cours ?

— Eh bien, c'est que... je me demandais si...

— Bon, vas-y, mais fais vite.

— Vous avez dit tout à l'heure qu'avec le directeur, vous aviez parcouru de nombreux pays, et que vous aviez ouvert plusieurs écoles à la recherche du chat de la prophétie.

— En effet, c'est ce que j'ai dit. Et alors ?

— Mais au précédent cours, vous nous aviez dit que lorsque les ombres avaient attaqué l'école, vous n'étiez même pas né. Alors là, je ne comprends plus.

Le professeur, amusé, sourit.

— Tu es vraiment intelligent, Brin-d'Osier. Et tu as raison. Quand s'est déroulée la bataille où le Chat Noir a été fait prisonnier,

je n'étais pas né, en effet. Mais il est vrai aussi que j'ai voyagé en compagnie du directeur dans plusieurs pays, bien avant que l'Ecole des Chats ne soit transférée ici, en Corée.

Malgré ces explications, Brin-d'Osier dodelina de la tête. Tout cela n'avait aucun sens. La Grotte de Cristal se trouvait bel et bien ici, en Corée. Or, si le professeur avait accompagné le directeur dans ses voyages, avant que l'école ne s'installe en Corée, il aurait dû normalement être présent au combat de la Grotte de Cristal. Plus Brin-d'Osier réfléchissait, moins il comprenait. Il se gratta sous l'oreille. Le professeur Barbu éclata de rire.

— Ha ! ha ! ha ! Très bien, je vais te l'expliquer. Mais cela doit rester entre nous. Je veux que tu gardes le secret. Car vois-tu, apprendre quelque chose avant l'heure n'est pas forcément un bien. Souvent, il vaut mieux attendre d'être prêt.

Au mot « secret », Brin-d'Osier dressa les oreilles et s'assit, le cœur battant la chamade. Le professeur, la tête plongée dans le poêle, farfouilla à l'intérieur pendant un long moment. Puis il en sortit un vieux rouleau de parchemin et l'étala. C'était une carte très ancienne.

— La Grotte de Cristal est un espace extrêmement mystérieux. Elle se trouve à Séoul, la capitale de la Corée, et en même temps ailleurs. Cela peut te sembler difficile à comprendre. Mais tout ce que je peux te dire, c'est que la Grotte de Cristal relie des espaces différents et existe en même temps dans des endroits différents. Autrement dit, la Grotte de Cristal est à Angkor Vat et

후지산
벵가지
카이로
앙코르 와트
N
푸나

également à Séoul. Elle est sur le mont Taishan en Chine et sur le mont Fuji au Japon.

— Vous voulez dire que la Grotte de Cristal où vous nous avez amenés l'autre jour se trouve aussi à Angkor Vat ?

— Exactement. Cette grotte que nous avons visitée possède plusieurs entrées. Et elle a effectivement une entrée à Angkor Vat. Si nous étions sortis par une autre issue, nous nous serions retrouvés quelque part, ailleurs qu'à Séoul. Ne me demande pas comment c'est possible ni pourquoi, car, moi aussi, je l'ignore. Tout ce que je sais, c'est que la Grotte de Cristal n'est visible, ni pour les humains, ni pour aucun autre animal. C'est un espace que seuls les chats peuvent voir.

Brin-d'Osier avait beau se creuser la cervelle, il n'arrivait toujours pas à comprendre le sens des paroles du professeur Barbu.

— Ça veut dire que la bataille de la Grotte de Cristal… s'est déroulée avant que l'Ecole des Chats ne s'installe ici à Séoul ?

— Ha ! ha ! tu as compris au moins cela ! Le directeur et moi avons le devoir de protéger la Grotte de Cristal. Nous devons également surveiller le Chat Noir qui y est emprisonné. Par conséquent, nous ne pouvons pas nous en éloigner. C'est pour cela que toutes les écoles que nous avons ouvertes se trouvaient dans des pays disposant d'un accès à la Grotte de Cristal.

— Dans ce cas, le Chat Noir doit être enfermé depuis très longtemps ?… Depuis combien d'années est-il là ?

— Je t'ai dit que cela s'est passé avant ma naissance. N'essaie pas d'en savoir trop à la fois. Il est préférable de ne comprendre que ce que tu es prêt à accepter. En tout cas, ne révèle pas le secret de la grotte aux autres chats. Quand cela sera nécessaire, je le leur dévoilerai moi-même.

Brin-d'Osier hocha la tête en signe d'assentiment. De toute façon, même s'il l'avait voulu, il aurait été incapable de le raconter aux autres, car lui-même n'y comprenait pas grand-chose. Un espace invisible... qui en plus existait dans plusieurs endroits à la fois... Tout cela était bien mystérieux.

UN COURS DE MAGIE

— Pourquoi sors-tu seulement maintenant ? grogna Mandragore qui attendait Brin-d'Osier dehors. De quoi as-tu parlé avec le professeur Barbu ?

Brin-d'Osier, quoique légèrement embarrassé, marmonna d'un ton détaché :

— Oh rien ! Nous avons parlé du cours, c'est tout. Je voulais en savoir un peu plus sur le Chat-Soleil...

Mandragore, perdant aussitôt tout intérêt pour le sujet, détourna la tête. Quant à Mot-d'Amour, elle restait silencieuse, comme sans énergie.

— Mot, tu es malade ? demanda Brin-d'Osier.

— Non, non, ne t'inquiète pas, répondit-elle, éludant la question. Ce n'est rien.

Brin-d'Osier préféra changer de conversation.

— Qu'allons-nous faire pour ce concours de magie ? demanda-t-il, une note d'inquiétude dans la voix. Comment apprendre la magie avant la prochaine nouvelle lune ?

— Est-ce que le professeur pourra nous enseigner quelques tours avant la date ? demanda à son tour Mandragore. Ça m'étonnerait beaucoup ! On ne peut tout de même pas laisser ces minables se moquer de nous... Chef, tu devrais en toucher un mot au professeur.

Et il fouetta l'air de ses pattes de devant, comme s'il s'était pour de bon trouvé aux prises avec Viking et sa bande.

— Il faudrait que j'avoue au professeur qu'on fait un concours de magie ? demanda Brin-d'Osier en regardant la demi-lune dans le ciel.

— Nous pourrions essayer de le supplier, dit Mot-d'Amour, d'une voix éteinte. Allons-y.

Brin-d'Osier et ses deux amis retournèrent dans la salle du sous-sol. Le professeur Barbu ne chantait plus. L'instrument de musique qui ressemblait à une guitare avait disparu. Il avait dû le ranger dans le poêle. Il était assis, les pattes croisées, à la manière des humains. Il semblait perdu dans ses pensées.

— Professeur ! Professeur Aladin !

— Quoi ? Vous avez appelé Aladin ? Que faites-vous ici ?

— Vous méritez bien ce nom d'Aladin, dit Mandragore d'un ton hésitant.

— N'essaie pas de jouer les flatteurs, Mandragore, rétorqua le professeur. Ça ne te va pas du tout... Que veux-tu ? Tu es pressé d'apprendre la magie ?

Se voyant percé à jour, Mandragore se gratta la tête et eut un rire gêné.

— Et toi, Mot-d'Amour, pourquoi as-tu l'air si abattue ? reprit le professeur.

— Oh, ce n'est rien...

— Un chat trop mou ne peut pas apprendre la magie.

Mot-d'Amour, s'arrêtant net de soupirer, releva la tête en dressant les oreilles.

— Pourquoi tenez-vous tant à apprendre la magie ? insista le professeur. Vous ne feriez pas un concours, par hasard ?

Les trois chats, un instant décontenancés, feignirent l'innocence en contemplant le plafond.

— Le genre de magie auquel vous pensez n'est qu'un jeu d'enfants pour les chats. Elle est très facile à apprendre. D'ailleurs, ça ne fait même pas partie du monde supérieur de la magie de Cristal. Vous voulez essayer ? Alors chantez avec moi.

Le professeur ressortit son instrument de musique et se racla la gorge.

Jadis, quand les chats apprenaient la magie,
Il leur était facile de se rendre invisibles,
Ils n'avaient qu'à prononcer la formule magique
akongkagua agukakonga,
Et en tournant vers la droite exactement un tour et un tiers,
Ils devenaient invisibles.
Le vent, en passant, murmurait :
« Pfft ! vous appelez ça de la magie ?
Moi, je suis toujours invisible,
Et je parcours la terre entière,
Si vous appelez ça de la magie,
Moi, je suis l'ancêtre de tous les grands magiciens. »
Alors, les chats, honteux, voulaient redevenir visibles,
Ils prononçaient la formule magique
agukakonga akongkagua,
Et en tournant vers la gauche exactement un tour et un tiers,
Ils retrouvaient leur apparence normale.
Ouf !

Quelle drôle de chanson ! Brin-d'Osier, Mot-d'Amour et Mandragore, tout en se retenant de rire, chantèrent de tout leur cœur en même temps que leur professeur.

— Eh bien, dit ce dernier, il ne vous reste plus qu'à faire ce que conseille la chanson : *akongkagua agukakonga.*

Le professeur Barbu, tout en récitant la formule magique, tourna sur lui-même un tour complet et un peu plus. Et hop ! soudain, il disparut. Les trois élèves poussèrent un miaulement de surprise.

— Qu'est-ce que vous en dites ? C'est facile, non ?

La voix du professeur flottait au-dessus du poêle.

— Maintenant, je redeviens comme j'étais. Agukakonga akongkagua.

Et hop ! il réapparut. Brin-d'Osier et ses deux camarades en restèrent la bouche ouverte.

— C'est à vous, maintenant. Essayez de suivre exactement les instructions de la chanson.

Les trois chats pivotèrent sur eux-mêmes tout en récitant la formule. Mais rien à faire ! Ils avaient beau s'appliquer, il ne se passait pas le plus petit prodige. Ça ne marchait pas !

— C'est important de tourner exactement un tour et un tiers, comme le dit la chanson, recommanda le professeur. Si vous tournez ne serait-ce qu'un dixième de tour en plus ou en moins, la magie ne marche pas. Il faut beaucoup s'exercer pour pivoter juste ce qu'il faut. Maintenant, concentrez-vous et essayez encore.

Brin-d'Osier et ses deux amis scandèrent une nouvelle fois la phrase magique et se remirent à tournoyer. Mais toujours rien ! Leurs corps refusaient de devenir transparents. Mandragore dégringola de la table avec un bruit sourd. A force de tourner, il commençait à avoir sérieusement le vertige. Pareil pour Brin-d'Osier et Mot-d'Amour. Pour finir, ils se retrouvèrent tous les trois écroulés sous la table.

— Hé, Mot ! Regarde ! Une de tes pattes a disparu ! s'écria soudain Brin-d'Osier.

Pas de doute ! La patte arrière droite de Mot-d'Amour

semblait s'être évaporée. Se rendant compte de ce qui lui arrivait, elle s'écria, remplie de stupeur :

— Nom d'un chat ! Qu'est-ce que je fais maintenant ?

Elle se mit à sautiller sur place, en

proie à une vive inquiétude. On aurait dit qu'elle n'avait plus que trois pattes. Brin-d'Osier ne put s'empêcher de rire. Mandragore, remonté sur la table, se tenait les côtes à deux pattes, lui aussi pris de fou rire.

— *Agukakonga akongkagua.*

Le professeur Barbu pointa le cristal de son collier en direction de Mot-d'Amour. Immédiatement, la patte effacée refit son apparition. Mot-d'Amour poussa un soupir de soulagement.

— Exercez-vous chaque fois que vous en aurez le temps, surtout pour ce qui est de tourner juste ce qu'il faut, conseilla le professeur. Aujourd'hui, nous allons d'abord apprendre le reste des couplets.

Et, prenant son instrument de musique, il se remit à chanter. Les trois élèves mémorisèrent, l'une après l'autre, toutes les strophes de la chanson magique qui leur enseignaient l'art et la manière de se métamorphoser en animaux, de se rapetisser, ou de grandir. Les paroles changeaient un peu à chaque refrain, mais la mélodie était toujours la même, ce qui rendait la chanson très facile à retenir.

Jadis, quand les chats apprenaient la magie,
Il leur était facile de devenir aussi grands que des rochers,
Ils n'avaient qu'à prononcer la formule magique
akongkagua agukakonga,
Et en se grattant sous l'oreille gauche avec la patte gauche,
Exactement une fois et trois quarts,

Ils devenaient aussi grands que des rochers.
En les regardant, la montagne grommelait :
« Pfft ! vous appelez ça de la magie ?
A mes yeux, vous êtes aussi petits que des fourmis,
Si vous appelez ça de la magie,
Moi, je suis l'ancêtre de tous les grands magiciens.
Laissez tomber ! laissez tomber !
La magie la plus mystérieuse,
C'est pour un chat de rester tel qu'il est. »
Alors les chats, honteux, voulaient rapetisser,
Ils prononçaient la formule magique
agukakonga akongkagua,
Et en se grattant sous l'oreille droite avec la patte droite,
Exactement une fois et trois quarts,
Ils retrouvaient leur taille normale.
Ouf !

Une fois qu'ils eurent appris par cœur tous les couplets, le professeur Barbu remit l'instrument de musique dans le poêle et en sortit trois petits colliers de cristal.

— Ce que vous avez appris aujourd'hui n'est qu'un exercice pour petits de maternelle. On ne peut même pas appeler ça de la magie. Mais sachez que ce que dit la montagne dans le dernier couplet est exact. Pour un chat, rester tel qu'il est, c'est ça la magie la plus mystérieuse. Cette vérité ne s'applique pas seulement aux chats, mais à toutes les choses en ce monde. Peut-être que ça ne vous dit rien pour l'instant, mais avec le temps vous comprendrez. Et alors vous serez capables de pratiquer la magie de Cristal. En attendant, portez cela autour du cou.

Le professeur Barbu accrocha un collier auquel était suspendu un morceau de cristal au cou de chacun de ses trois élèves.

— Au début, vous aurez une sensation de froid si intense que vous aurez du mal à le garder sur vous. Mais prenez patience. Il faut vous y habituer. Bien que ce ne soit que de la magie pour débutants, il vaut mieux savoir s'en servir, n'est-ce pas ? Essayez de vous entraîner régulièrement. Et si vous vous retrouvez avec rien qu'une patte invisible, comme c'est arrivé tout à l'heure à Mot-d'Amour, utilisez le cristal. Récitez la formule magique en pointant votre collier, et tout rentrera dans l'ordre.

Sur ces paroles, le professeur sauta sur la fenêtre et disparut.

De drôles de tours !

— Enfin ! Nous avons appris des tours de magie ! Nous avons réussi !

Brin-d'Osier, Mot-d'Amour et Mandragore s'enlacèrent et sautillèrent de joie. Quelle chance d'avoir pu apprendre un peu de magie, ils étaient fous de bonheur !

— J'ai l'impression que je serai incapable de trouver le sommeil, déclara Brin-d'Osier. Allons plutôt nous exercer.

Mot-d'Amour et Mandragore ne se firent pas prier. Les trois chats se rendirent sur-le-champ à la clairière, où ils s'arrêtèrent devant l'entrée de la Grotte de Cristal. Il était encore tôt, l'herbe était mouillée de l'humidité de la nuit. Sous le souffle du vent, des gouttes de rosée tombaient des brins d'herbe. Floc, floc, floc !

— Maintenant que nous avons mémorisé chacun une strophe de la chanson, nous pouvons commencer. A toi l'honneur, Mandragore !

Mandragore entonna le couplet de la chanson magique qui permettait de devenir invisible.

Jadis, quand les chats apprenaient la magie,
Il leur était facile de se rendre invisibles...

Les trois chats s'exercèrent avec application, suivant à la lettre les instructions de la ritournelle. Mais, malgré tous leurs efforts, les résultats n'étaient pas toujours à la hauteur. Ce ne fut qu'au bout d'un long moment que le corps de Brin-d'Osier commença à s'estomper lentement, semblant se trouer de partout. Mot-d'Amour, le bas du corps effacé, ne ressemblait déjà plus qu'à la moitié d'un chat. Quant à Mandragore, c'étaient son oreille droite et une partie de son ventre qui s'étaient envolées. Les trois amis se regardèrent et se mirent à rire. Soudain, Mandragore, tournant brusquement la tête, s'écria :

— Qui va là ?

Il se précipita comme une flèche derrière le rocher. Mot-d'Amour et Brin-d'Osier le suivirent.

— Qui aurait le toupet de venir nous espionner, si tôt le matin ?

— J'ai vu une ombre se diriger vers le bois, là-bas, j'en suis sûr, dit Mandragore, furieux d'avoir loupé l'intrus.

— C'était peut-être la classe des Chats sauvages qui redescendait la colline, marmonna Brin-d'Osier, en regagnant sa place. Vous savez, ils suivent leurs cours là-haut.

Puis ce fut au tour de Mot-d'Amour de chanter le couplet qui permettait de se métamorphoser en animal.

Jadis, quand les chats apprenaient la magie,
Il leur était facile de se transformer en oiseau,
Ils n'avaient qu'à prononcer la formule magique
akongkagua agukakonga
Et en tournant sur la gauche
Exactement trois fois et deux cinquièmes,
Ils devenaient des oiseaux et s'envolaient dans le ciel.
Les oiseaux qui passaient par là disaient :
« Pffft ! vous appelez ça de la magie ?
Chez nous, même les oisillons savent voler,
Si vous appelez ça de la magie,
Nous sommes les ancêtres de tous les grands magiciens. »
Alors, les chats, honteux, voulaient
Reprendre leur forme initiale,
Ils prononçaient la formule magique
agukakonga akongkagua
Et en tournant sur la droite
Exactement trois fois et deux cinquièmes,
Ils redevenaient des chats.
Ouf !

Mais quand on a tournoyé trois fois sur soi-même, il n'est pas facile d'accomplir exactement deux cinquièmes de tour. Ils essayèrent et réessayèrent des dizaines de fois, mais ça ne marchait toujours pas. Tout ce qu'ils gagnèrent fut que la bouche de Mot-d'Amour se transforma en bec d'oiseau. Et encore ! Brin-d'Osier et Mandragore se la montrèrent de la patte, n'en pouvant plus de rire.

— J'ai trop tourné, j'ai le vertige, dit-elle en s'agrippant la gorge comme prête à rendre le contenu de son estomac.

Les trois chats, étourdis, s'allongèrent sur le dos. Au-dessus d'eux, le ciel tourbillonnait à toute vitesse.

— C'est amusant la magie, dit Brin-d'Osier avec un petit rire. Mais c'est encore plus drôle de tout rater.

— Oui, c'est vraiment tordant ! approuva Mandragore.

— Plus tard, reprit Brin-d'Osier en souriant, quand on aura réussi à maîtriser parfaitement la magie, il faudra continuer à jouer de temps à temps à se tromper de formule. Imaginez un peu : juste la tête qui flotte dans l'air ou les pattes de devant qui se transforment en ailes, ce serait rigolo, non ?

— Oui, ce serait génial !

Ils se relevèrent et se remirent au travail. Cette fois, c'était le tour de Brin-d'Osier.

Jadis, quand les chats apprenaient la magie,
Il leur était facile de se rapetisser,
Ils n'avaient qu'à prononcer la formule magique

akongkagua agukakonga
Et en se grattant sous l'oreille gauche
Avec la patte arrière gauche,
Exactement deux fois et deux tiers,
Ils devenaient aussi petits que des souriceaux.
Les fourmis qui passaient par là disaient :
« Pfft ! vous appelez ça de la magie ?
Vous êtes mille fois plus grands que nous,
Si vous appelez ça de la magie,
Nous sommes les ancêtres de tous les grands magiciens. »
Alors, les chats, honteux, voulaient
Reprendre leur taille normale,
Ils prononçaient la formule magique
agukakonga akongkagua,
Et en se grattant sous l'oreille droite
Avec la patte arrière droite,
Exactement deux fois et deux tiers,
Ils redevenaient comme avant.
Ouf !

Ce tour-là, qui permettait de devenir tout petit, était relativement facile. Il fallait juste se gratter sous l'oreille avec une patte de derrière.

Pourtant, celui-là non plus, impossible de l'exécuter correctement. C'était soit leur tête, soit leurs pattes qui se ratatinaient toutes seules comme s'ils s'étaient regardés dans des miroirs déformants. Le spectacle était vraiment comique ! Brin-d'Osier, Mot-d'Amour et Mandragore se tordaient de rire, ils en avaient les larmes aux yeux. De plus en plus surexcités, ils ne savaient plus s'ils étaient en train d'étudier la magie ou de s'amuser tout simplement.

Pour finir, comme des enfants de l'école primaire récitant leurs tables de multiplication, ils chantèrent en chœur le couplet qui faisait grandir.

Jadis, quand les chats apprenaient la magie,
Il leur était facile de devenir aussi grands que des rochers,
Ils n'avaient qu'à prononcer la formule magique
akongkagua agukakonga...

Ce tour de magie se révéla encore plus désopilant que les autres. La queue de Mot-d'Amour devint énorme, mais seulement sa queue ! On aurait dit un gros boa en train d'avaler la moitié d'un chat. Mot-d'Amour avait beau faire, elle n'arrivait pas à bouger d'un pouce. Sa queue était devenue si lourde qu'elle avait l'impression de traîner une énorme masse de fonte derrière elle.

Quant à Mandragore, seule sa patte arrière droite avait grandi et atteint la taille d'un poteau. Il ressemblait à la statue d'un petit chat posée sur une haute colonne.

— C'est trop haut, j'ai le vertige, s'écria-t-il, l'air ahuri, sur sa patte arrière démesurément allongée.

Mot-d'Amour et Brin-d'Osier riaient tellement qu'ils en avaient le souffle coupé. C'est alors que la même mésaventure arriva à Brin-d'Osier. Sa tête devint gigantesque. Il faisait penser à un chat trop curieux qu'on aurait pris en train de fouiner, la tête plongée dans un pot immense, les pattes gigotant en l'air dans un effort désespéré pour se redresser.

Quelques instants plus tard, les trois chats, épuisés de rire, finirent par s'endormir. Lorsque Brin-d'Osier, frissonnant de froid, ouvrit les yeux, le ciel était déjà rempli d'étoiles.

Histoire de fantômes

— Oh là là! Nous sommes en retard. Le professeur d'art va nous gronder.

Brin-d'Osier réveilla en hâte Mot-d'Amour et Mandragore en les secouant comme des pruniers. Pleins d'appréhension, tous trois se précipitèrent vers l'école. Mais, à peine arrivés au pied de l'orme, ils entendirent une grande clameur provenant de la maison.

— Qu'est-ce que c'est?

Les trois amis accélérèrent le pas. Comme ils s'engageaient dans le hall, un chat de la classe de l'Assemblée nocturne en sortit d'un bond comme un diable de sa boîte. De l'intérieur, parvenait le vacarme d'une cavalcade effrénée.

— Qu'est-ce qui se passe? demanda Mandragore en l'arrêtant au passage.

— Des fan... fantômes!

— Des fantômes? Y aurait-il des fantômes assez audacieux pour se montrer au milieu de tous ces chats?

Mandragore s'élança dans le hall. Un troupeau de chats se ruait en débandade vers le sous-sol. En un clin d'œil, Brin-d'Osier et Mot-d'Amour furent happés par la cohue. Mot-d'Amour, ballottée de tous côtés, poussée en avant par la bousculade, se mit soudain à rire aux larmes.

Viking et Jojo sur ses talons, Lynx poursuivait la foule des chats qui s'enfuyaient, tout en criant à pleins poumons les noms de ses camarades de classe. Mais, quelle horreur ! ses quatre pattes étaient invisibles, seul son corps flottait dans l'air. Et à la place de l'un de ses yeux, on ne voyait plus qu'un trou béant. Pas étonnant que les

autres chats, terrorisés, se soient enfuis ! Par-dessus le marché, on s'apercevait, en regardant d'un peu plus près, que l'oreille gauche de Viking manquait aussi. Seul Jojo était intact.

— C'était bien la bande de Viking qui nous espionnait, dit Brin-d'Osier. A force de s'entraîner tout seuls, voilà ce qui leur est arrivé !

Il se mit à rire de bon cœur.

— C'est bien fait pour eux ! s'exclama Mot-d'Amour.

— Ça leur apprendra ! renchérit Mandragore.

Et ils éclatèrent aussi de rire.

— Ah, vous voilà ! Vous tombez bien, s'écria un chat âgé, tacheté de noir et blanc, qui observait le tumulte. Vous êtes bien les élèves de la classe de Cristal ? Faites quelque chose pour ces monstres. Je suis sûr que c'est en volant la formule magique de l'invisibilité qu'ils sont devenus comme ça...

L'air gêné, il jetait des coups d'œil obliques sur les pierres de cristal accrochées au cou des trois chats. Ce devait être lui, le professeur d'art.

— Nous venons juste de commencer à apprendre la magie, dit Mot-d'Amour d'un ton innocent. Nous ne savons pas encore comment faire.

— Alors, tant pis ! Il ne me reste plus qu'à appeler le professeur Barbu.

Et sur ces mots, le chat tacheté sortit du hall en courant.

L'école était plongée dans le chaos le plus total. Une vingtaine de chats détalaient dans tous les sens, renversant et cassant tout sur leur passage. Ce ne fut qu'après l'arrivée du professeur Barbu que le brouhaha s'apaisa. Les deux professeurs convoquèrent Viking et Lynx dans le bureau de Chaussettes, qui se trouvait vide à ce moment-là.

— Le cours de magie pour débutants était bientôt prévu dans votre classe, gronda le professeur Barbu. Vous auriez pu attendre un peu. Ce n'était pas la peine de vous précipiter comme ça. Vous vous rendez compte des désordres que vous avez causés ? Des fauteurs de trouble comme vous ont besoin d'une bonne leçon. Vous resterez dans cet état jusqu'à ce que vous arriviez à rompre le charme et à vous sortir de là tout seuls.

Lynx et Viking, au bord des larmes, le supplièrent d'avoir pitié d'eux.

— Certes, il faut que ces voyous soient punis pour la bêtise qu'ils ont commise... intervint le chat tacheté. Mais, comme je dois donner mon cours, pardonnons-leur pour cette fois.

Le professeur Barbu considéra la bande, puis, à contrecœur, laissa tomber :

— Vous avez de la chance, vous savez ! Vous pouvez remercier votre professeur d'art qui vous épargne le juste châtiment que vous méritez.

Et en murmurant la formule magique, il pointa sa pierre de cristal vers Viking et Lynx. Ce dernier retrouva avec joie ses quatre pattes et son apparence normale, et Viking son oreille.

Cette histoire de fantôme se révéla en tout cas une véritable aubaine pour Brin-d'Osier, Mot-d'Amour et Mandragore. Grâce au charivari causé, ils ne furent pas grondés pour leur retard. Un vrai coup de chance !

Les élèves de la classe de l'Assemblée nocturne avaient surnommé le chat tacheté « Professeur Kotkam ». Ce dernier, en effet, racontait souvent – c'était une véritable manie chez lui – l'histoire du tigre qui s'était enfui parce qu'il avait eu peur d'un kaki séché. C'est un conte très célèbre en Corée, où l'on appelle ces fruits des kotkams. Cela parlait d'un enfant qui pleurait sans arrêt. Un jour, sa maman l'avertit que s'il continue à pleurnicher, le tigre l'emmènera et le mangera. Ce qui a pour résultat de faire hurler le petit garçon de plus belle ! Sa maman lui dit alors pour le consoler : « Tiens, mon petit, voici un kotkam. Arrête de pleurer maintenant. » Aussitôt les larmes de l'enfant cessent de couler. Le tigre qui écoutait, l'oreille collée contre la porte, se sauve à toutes pattes, persuadé qu'un kotkam, un être encore plus terrifiant que lui, est entré dans la maison.

Cette histoire, tout le monde la connaissait par cœur. N'empêche que le professeur Kotkam la racontait toujours comme si c'était la première fois. Et il était bien le seul à y prendre plaisir. En plus de ses fonctions de professeur d'art, il était aussi professeur principal de la classe de l'Assemblée nocturne. Mais pour les chats, l'art était une matière ennuyeuse. Pourquoi ennuyeuse ? Eh bien, parce que pendant les cours, les chats ne devaient pas se contenter de dessiner. Ils apprenaient en même temps à lire et à écrire, car chez les chats l'écriture est une forme d'art.

Chaque élève, assis sur le morceau de journal qu'il avait apporté en classe, s'efforçait de déchiffrer ce qui était imprimé dessus. Or, il faut reconnaître que lire, assis sans bouger, est l'une des choses les plus pénibles à supporter lorsqu'on est un chat. Ce n'était que pendant les dernières minutes, à la fin du cours, que les élèves apprenaient le dessin.

La salle réservée au cours d'art était une pièce pourvue d'une grande fenêtre au premier étage. Ce jour-là, à cause du temps perdu avec l'incident des fantômes, les élèves échappèrent à la séance de lecture. Après avoir raconté pour la millième fois au moins l'histoire du tigre et du kaki séché, le professeur Kotkam accrocha à la fenêtre plusieurs dessins qu'il se mit aussitôt à commenter.

— Regardez ce dessin, à gauche, dit-il en désignant une image qui ressemblait à une fresque égyptienne. Les humains et les animaux y sont dessinés sans relief, comme s'ils avaient été aplatis par un rouleau compresseur. Ce tableau a été peint en Egypte pendant l'Age d'or des chats. Il est connu comme le plus grand chef-d'œuvre félin de tous les temps. Et maintenant, regardez celui-là.

Il fit deux pas vers le dessin accroché sur le côté droit de la fenêtre. On y voyait une pie perchée sur une branche d'arbre en pleine floraison; dessous, un chat souriait. La pie et le chat étaient dessinés aussi plats que des os de seiche. Le chat esquissait un sourire comique qui découvrait toutes ses dents.

— Ce chef-d'œuvre de l'art populaire coréen a été peint cinq mille ans après l'Age d'or, il y a environ deux cents ans de ça. Les hommes, bizarrement, pensent que c'est un tigre, et non un chat, qui est représenté.

Tous les élèves éclatèrent de rire.

— Un peu de silence, je vous prie ! Vous voyez comme le chat et la pie paraissent aplatis ? Ce tableau a beaucoup troublé les chats de l'époque. Ils y voyaient le signe que l'Age d'or allait revenir.

Mais, de plus en plus distraits, les chats commençaient à montrer des signes d'impatience et à s'intéresser à autre chose. Le professeur jeta alors un coup d'œil par la fenêtre et annonça :

— C'est dommage, mais nous devons nous arrêter là pour aujourd'hui. Pilastre, décroche ces dessins et suis-moi.

Aucun des élèves ne paraissait éprouver le moindre regret de voir se terminer le cours. Tous se tenaient prêts à se précipiter dehors dès que le professeur Kotkam aurait tourné le dos. Un chat plutôt grassouillet s'avança pour ramasser les dessins. C'était le chat à la fourrure marron qui s'était assis sur une grande jarre pendant le cours d'histoire. Ce devait être le dénommé Pilastre.

— On dirait que c'est lui le chef de la classe de l'Assemblée nocturne, chuchota Mot-d'Amour. Il n'a pas l'air plus drôle que son professeur principal. Qu'est-ce qu'il fait sérieux !

Mais au même instant, alors qu'il s'appliquait à rouler le dessin d'art populaire, Pilastre s'interrompit soudain et un sourire idiot lui fendit la gueule jusqu'aux oreilles, découvrant toutes ses dents. Sans doute essayait-il d'imiter le personnage du tableau. Çà et là, quelques chats émirent de petits gloussements. Lorsque le professeur Kotkam, intrigué, tourna la tête, Pilastre, faisant l'innocent, changea en un clin d'œil d'expression.

— Il se croit drôle, murmura Mot-d'Amour. Avec la tête sinistre qu'il a, il s'imagine peut-être qu'il va nous faire rire ? Quelle blague !

— C'est exactement le genre de gag pitoyable que les chouchous des professeurs essaient de faire pour amuser la galerie, décréta une voix goguenarde derrière eux.

D'un seul mouvement, Brin-d'Osier, Mot-d'Amour et Mandragore tournèrent la tête. C'était Viking, flanqué de sa bande.

— Hé, Lynx ! Ton défilé de mode était très réussi, ironisa Mot-d'Amour. Surtout le trou dans ton œil, c'était irrésistible !

Lynx poussa un feulement de colère mais n'osa pas attaquer. Mandragore-le-costaud était là, prêt à intervenir. Mieux valait ne pas bouger une griffe...

— Vous avez pris une décision ? demanda Brin-d'Osier en regardant Viking. Je veux dire, pour l'heure et l'endroit du concours de magie.

— En fait, on a encore beaucoup de choses à discuter, répondit Viking. Sortons.

Les six chats gagnèrent en file indienne le pied de l'orme.

— De quoi voulez-vous parler ? s'enquit Brin-d'Osier.

— C'est à propos du match. Si on le remplaçait par un autre genre de concours ?

— Le remplacer ? Ah, je vois ! C'est vrai qu'avec des compétences aussi médiocres que les vôtres, tout juste bonnes à faire disparaître quelques pattes ou trouer un œil, difficile de gagner un concours.

— Vous n'êtes pas meilleurs que nous, d'après ce que j'ai vu, répliqua Jojo agressivement.

— J'avais bien l'impression que quelqu'un nous espionnait comme un rat. Alors, c'était toi, Jojo! lança Mandragore avec un rictus mauvais.

— Votre magie n'est qu'un jeu de maternelle, railla Jojo au comble de la mauvaise foi. ça ne vaut pas la peine de vous espionner.

— Dans ce cas, quel autre genre de défi voulez-vous lancer? se hâta de demander Brin-d'Osier, pour empêcher Mot-d'Amour de proférer les sarcasmes qui lui brûlaient les lèvres.

— Disons que l'épreuve consisterait à aller jusqu'au fond de la Grotte de Cristal, y laisser une marque et revenir, proposa Viking avec sérieux.

— Comment se fait-il que vous soyez au courant pour la Grotte de Cristal?

— C'est un secret que tout le monde connaît, répondit Jojo avec un sourire malicieux.

Une inquiétude s'empara soudain de Brin-d'Osier. Les paroles du professeur Barbu lui étaient revenues en mémoire: « La Grotte de Cristal est un espace extrêmement mystérieux... »

— Et vous savez aussi que la Grotte de Cristal est un endroit très dangereux? balbutia-t-il.

— Bien sûr, se vanta Viking. Si ce n'était pas dangereux, il n'y aurait aucun intérêt à lancer un défi, n'est-ce pas?

— Il a raison, renchérit Jojo.

Puis, s'adressant à Mandragore, comme pour l'inciter à accepter le défi, il ajouta:

— Après tout, il s'agit d'un pari entre élèves de l'Ecole des Chats. Les risques doivent donc être à la hauteur, vous êtes d'accord, non ?

Brin-d'Osier n'aimait pas le sourire hypocrite de Jojo, mais alors pas du tout !

Mandragore se souvint tout à coup de la punition que Viking et sa bande avaient reçue pendant le cours d'histoire.

— Le professeur Barbu nous a ordonné de ne pas aller dans la Grotte de Cristal... dit-il en baissant la voix.

— Ma parole ! On dirait que vous êtes devenus des élèves modèles, ironisa Lynx pour se venger. Je ne vous croyais pas comme ça.

— Si je dis ça, c'est uniquement pour vous, rétorqua Mandragore, reprenant son ton de chef de bande. On ne peut pas laisser des jeunots comme vous jouer avec le feu. C'est trop dangereux. Mais si vous insistez, il n'y a plus le choix. On est bien obligés d'accepter. De toute façon, on n'a aucune raison de refuser ce pari.

— Attendez, se hâta d'intervenir Brin-d'Osier. Il faut qu'on en discute entre nous. Donnez-nous un peu de temps.

— Très bien, dit Viking. Comme c'est une idée nouvelle, j'imagine qu'on doit vous laisser réfléchir. Si on se retrouvait ici demain, après le cours de science et sport ? Ça vous va ?

— D'accord, dit Brin-d'Osier en hochant la tête.

CE QUI ARRIVA DANS LE BOIS

Le cours de science et sport devait avoir lieu le soir même et durer jusqu'au lendemain matin. Dès que le jour commença à décliner, Brin-d'Osier, Mot-d'Amour et Mandragore se rendirent à mi-pente de la colline, sur une parcelle de terrain nu entourée d'arbres touffus. Un grand nombre de chats y étaient déjà rassemblés depuis un moment. Il suffit aux trois amis de jeter un coup d'œil au professeur pour comprendre pourquoi personne n'aurait osé arriver en retard. Les élèves de la classe des Chats sauvages l'avaient baptisé « professeur Ultra ». De taille corpulente, il avait des allures de lion. Les muscles puissants de son corps faisaient onduler sa fourrure, son visage affichait la sévérité d'un officier militaire. Ses pattes et ses griffes étaient énormes. Rien que d'imaginer recevoir un coup de patte de sa part donnait froid dans le dos !

— Je comprends maintenant pourquoi ceux de la classe des Chats sauvages sont si dissipés pendant les autres cours, murmura

Mot-d'Amour entre ses dents. Ils ne doivent même pas oser respirer pendant les cours de leur professeur principal.

— Toi, là-bas, la maigrichonne, tu as à te plaindre de quelque chose ? demanda le professeur Ultra, pointant sa grosse patte de devant vers Mot-d'Amour.

Celle-ci, la tête enfoncée dans les épaules, retint son souffle.

Le cours de science et sport ne durait pas longtemps. En fait, pendant la partie consacrée à la science, on n'apprenait pas grand-chose. Les seuls sujets abordés concernaient l'apparence physique et les habitudes des animaux, tels que mulots, écureuils et autres petits rongeurs. Après le cours de science, venaient les travaux pratiques. Chacun partait de son côté pour chasser de petits animaux, des souris par exemple, ou des musaraignes. Les élèves s'appliquaient à cet exercice avec beaucoup de zèle. Il faut dire qu'ils n'avaient pas le choix. Le jour des travaux pratiques, l'école ne leur donnait rien d'autre à manger !

Dès que le cours de science fut terminé, les chats commencèrent à se disperser dans le bois.

— Séparez-vous ! ordonna le professeur en brandissant une grosse patte griffue. Vous savez ce qui vous attend si j'attrape deux d'entre vous ensemble !

Devant une telle menace, aucun chat n'aurait été assez fou pour désobéir, on pouvait en être certain !

— Retrouvons-nous sous le châtaignier au bord du ruisseau à la fin du cours, dit Brin-d'Osier à Mot-d'Amour et Mandragore. On a des choses à discuter.

Leur petite équipe ne comptait que trois membres, mais ils n'étaient pas encore arrivés à se mettre d'accord. Mandragore voulait accepter le défi de la Grotte de Cristal, tandis que Brin-d'Osier avait l'impression que ce n'était pas une très bonne idée. Le problème, c'est qu'il ne pouvait pas révéler aux autres le secret de la grotte que le professeur Barbu lui avait confié. Aussi espérait-il que Mot-d'Amour serait de son avis. Mais celle-ci semblait hésiter à s'engager dans un camp ou dans l'autre. Brin-d'Osier comprenait le choix de Mandragore, qui était plutôt naïf et impulsif. Mais pourquoi Mot-d'Amour se comportait-elle ainsi ? C'était ce qu'il n'arrivait pas à saisir.

Mandragore, séparé de ses compagnons, commença à explorer le bois. Il avait tellement faim qu'une seule idée lui occupait l'esprit : attraper un mulot, et le plus vite possible ! Mais les mulots sur cette colline étaient devenus des experts dans l'art de s'enfuir et de se cacher dès l'arrivée des chats. C'était sûrement à force de se voir pourchassés tous les jours par plusieurs dizaines de chats affamés. Chaque fois que Mandragore pensait en avoir attrapé un, il lui échappait.

Il se coucha à plat ventre au milieu des buissons pour surveiller l'entrée d'un terrier de mulots qu'il venait de découvrir. Alors qu'il salivait à l'avance, les yeux fixés sur le trou, il entendit un bruit bizarre au-dessus de lui.

— Oho !

Il sursauta et regarda d'où venait le cri. Un petit enfant, assis sur une branche, un béret rouge sur la tête, lui souriait.

— Qu'est-ce que c'est que ça? s'exclama Mandragore, les yeux ronds de surprise. Comment se fait-il qu'un petit comme toi se trouve ici, dans les bois, à une heure aussi tardive?

— Moi, ici, chez moi.

L'enfant s'était exprimé bizarrement, comme s'il ne savait pas encore parler.

— Ici, chez toi? répéta Mandragore. Mais il n'y a pas d'habitation humaine par ici...

Il s'interrompit, se rendant compte soudain que l'enfant avait utilisé le langage des chats. Il n'avait jamais rencontré d'humain qui savait communiquer dans sa langue.

— Moi connais choses à manger, dit l'enfant avant de descendre vers le ruisseau qui coulait à proximité.

— Quoi? Des choses à manger?

Mandragore, qui mourait de faim, suivit l'enfant sans hésiter. Ce dernier, tout en marchant, faisait de temps à autre un bond en l'air en s'exclamant: « Oho! » Mandragore le trouvait si mignon et si drôle qu'il ne put retenir un sourire.

— Ici!

L'enfant désigna une pierre au bord du ruisseau puis regarda Mandragore. Sous la pierre, celui-ci trouva une grenouille, et sous une autre deux écrevisses.

— Ça se mange? s'étonna Mandragore.

Quelque peu écœuré, il regarda l'enfant à la dérobée.

— Belettes mangent en hiver, répondit-il.

Mandragore enfourna la grenouille avec une grimace. Tiens ! Ce n'était pas si mauvais que ça ! Les écrevisses aussi avaient un goût délicieux. Il dévora grenouilles et écrevisses jusqu'à ce que son ventre soit gonflé comme une outre.

— Comment tu connais tout ça ? Il me semble que tu n'es pas un enfant ordinaire. Qui es-tu donc ?

— Moi, Mandragore.

— Mais Mandragore, c'est mon nom !

— Moi, vrai Mandragore.

— Le vrai Mandragore ? Ça veut dire que tu es réellement le ginseng sauvage qui a mille ans ?

L'enfant fit de nouveau un bond sur place en criant : « Oho ! »

— Si nous avons tous les deux le même nom, ça va prêter à confusion, reprit Mandragore. Pourquoi est-ce que je ne t'appellerais pas simplement Gamin ?

L'enfant sourit et sauta deux fois sur place en poussant son exclamation habituelle. Il avait l'air très content.

— Moi, m'ennuie. Autrefois, beaucoup gens gentils. Moi aidais eux souvent. Maintenant, gens méchants.

— C'est vrai. Le vieil homme de l'herboristerie où j'habitais me parlait souvent de toi. Il disait que jadis les enfants-mandragores qui vivaient sur le mont Baekdu venaient au secours des braves bûcherons et des gens qui étaient en difficulté. Mais aujourd'hui, ceux qui te recherchent sont cupides.

— Moi te suivre, dit l'enfant en pointant Mandragore du doigt.

— Tu veux venir avec moi ? Non, c'est impossible ! Remarque, si je m'écoutais, ça ne me déplairait pas de promener sur mon dos un gosse mignon comme toi, mais... j'habite dans une école où il n'y a que des chats.

— Cristal, dit le petit en désignant la pierre suspendue au cou de Mandragore.

— Tu veux ce collier ?

L'enfant secoua légèrement la tête.

— Non, moi entre dedans.

Il murmura quelques mots entre ses dents puis fit deux bonds en criant : « Oho ! Oho ! » Et l'instant d'après, il s'était transformé en une mince volute de fumée rose, qui pénétra doucement dans le cristal du collier de Mandragore. Ce dernier, médusé, se contentait de regarder. Le cristal jeta un éclat lumineux avant de prendre une couleur rose pâle. Mandragore avait l'impression de rêver.

Pendant ce temps, Mot-d'Amour se démenait comme un beau diable. Mais rien à faire ! Elle non plus n'arrivait pas à capturer le moindre mulot. Alors qu'elle fouillait un buisson, une ombre noire surgit brusquement de derrière un arbre.

— Nom d'un chat !

Avec un sursaut, elle recula et s'aplatit au sol.

— Désolé si je t'ai effrayée.

C'était Viking.

— Pourquoi essaies-tu de me faire peur ? Tu ferais mieux de t'occuper de tes affaires.

— J'ai à te parler...

— Moi, je n'ai rien à te dire, rétorqua Mot-d'Amour avec froideur en se détournant.

— Mot, tu as une sœur jumelle, pas vrai ?

— Qu'est-ce que ça peut te faire ? lança-t-elle nerveusement, tournant vivement la tête vers Viking.

— Moi aussi, j'ai un frère jumeau, répondit-il d'une voix calme. Quand le professeur Barbu nous en a parlé, j'ai vu ton visage s'assombrir et j'ai deviné que tu avais une sœur jumelle. Mais le professeur a dit que le maître du nouvel Age d'or serait un chat sans jumeau.

— Et alors ?

Viking donna un coup de patte sur le tronc d'arbre et s'avança vers Mot-d'Amour.

— J'ai besoin de ton aide. Essaie de convaincre tes copains à propos du pari. Tout ce que je veux, c'est tester mes limites.

Quand Jojo nous a parlé de la Grotte de Cristal, mon cœur s'est mis à battre très fort. J'ai tout de suite été impatient de la voir !

— C'est Jojo qui vous a tout raconté sur la Grotte de Cristal ?

— Oui. Depuis que j'ai appris que seule la classe de Cristal avait droit à un cours particulier là-bas, j'ai très envie d'y aller, je ne pense qu'à ça. Pour moi, ce n'est pas qu'un pari.

Il regarda gravement Mot-d'Amour. Elle lut dans ses yeux qu'il était sincère.

— Si tu en as tellement envie, ne t'en prive pas. Vous pouvez y aller tout seuls.

— Nous ne savons pas où elle se trouve. Même Jojo dit qu'il ne connaît pas l'entrée. Je voudrais juste savoir jusqu'où je suis capable d'aller. C'est le professeur Barbu qui m'a amené dans cette école. C'est une longue histoire. Je ne peux pas tout te raconter maintenant. En tout cas, le professeur Barbu a reconnu chez moi des dons pour la magie. C'est pourquoi je croyais entrer dans la classe de Cristal. Et voilà que je me retrouve dans la classe des Chats sauvages !

— C'est le professeur Barbu qui t'a conduit ici, tu dis ?

— Oui. Qu'est-ce que j'ai pu lui en vouloir de m'avoir mis dans une autre classe ! J'ai même pensé quitter l'école. Mais avant de décider quoi que ce soit, je me suis dit qu'il fallait tester mes capacités, au moins une fois. Tu comprends ce que je ressens ?

— Quelles que soient tes raisons, tu n'as pas ton mot à dire dans notre décision, le coupa fermement Mot-d'Amour.

Pourtant sa voix s'était beaucoup radoucie.

— Je sais, je veux juste que tu y réfléchisses, c'est tout.

Et sur ces mots, Viking s'enfonça lentement dans l'ombre du bois.

Le croissant de lune déclinait vers l'ouest. Le ciel était encore obscur, mais la rosée qui trempait le sol indiquait que l'aube n'était plus très loin. Au sommet d'une petite colline, Brin-d'Osier transpirait abondamment. Il regarda vers le bas, en proie à un sentiment étrange.

— C'est vraiment bizarre !

Au pied de la colline coulait un ruisseau, lieu du rendez-vous avec Mot-d'Amour et Mandragore. Brin-d'Osier descendit en suivant le sentier qui menait au cours d'eau. Mais au bout d'un moment, il se retrouva à l'endroit exact d'où il était parti. Plusieurs fois, le même curieux phénomène se répéta. Du coup, la peur commença à le gagner. Il s'efforça néanmoins de garder son sang-froid.

— Ce lieu a quelque chose d'insolite. Il faudra que je revienne quand il fera jour.

Il frotta ses joues sur les rochers, tout autour du sommet, pour imprégner le chemin de son odeur afin de s'en souvenir plus tard. Puis il dévala l'autre versant de la colline. Cela l'obligeait à faire un long détour, mais il n'avait pas le choix. Il courut de toute la vitesse de ses quatre pattes. Mot-d'Amour et Mandragore étaient déjà arrivés.

— Tiens, mange !

Mandragore poussa vers lui quelque chose d'un geste brusque. C'étaient des grenouilles et des écrevisses.

— Il paraît que les belettes survivent en hiver grâce à ça, dit Mot-d'Amour sans cesser de mâchonner.

Une patte de grenouille sortait encore à moitié de sa bouche.

— Mmmm ! continua Mot-d'Amour en s'essuyant les babines après avoir avalé le reste de la grenouille. C'est délicieux ! Tu devrais essayer.

Comme il défaillait de faim, Brin-d'Osier ferma les yeux et ingurgita une poignée de grenouilles et d'écrevisses.

— Pas mauvais ! Tant mieux, comme ça plus besoin de se donner tant de mal pour attraper des mulots.

Les trois chats se regardèrent avec un grand sourire de satisfaction.

— Mot, qu'as-tu choisi ? demanda Brin-d'Osier en la regardant. La bande de Viking doit nous attendre. Prenons vite une décision et allons les rejoindre.

— Je crois... commença Mot-d'Amour hésitante, qu'il vaudrait mieux accepter ce défi.

— Ouaouh ! Ça fait deux contre un ! exulta Mandragore en sautillant de joie comme un chaton.

Mais Brin-d'Osier, le cœur lourd, murmura :

— Eh bien... nul ne peut prédire ce qui va se passer... Imaginez un peu qu'on arrive à l'endroit où est enfermé le Chat Noir.

Il observa le ciel, l'air soucieux.

— En fait, avoua Mot-d'Amour timidement, j'ai rencontré Viking tout à l'heure dans le bois.

— Viking ?

— Oui, il avait l'air très vexé de n'avoir pas été accepté dans la classe de Cristal, répondit Mot-d'Amour d'une voix hésitante. Il pense que c'est parce qu'il a un frère jumeau. Il m'a dit qu'il voulait tester ses pouvoirs. Je comprends ce qu'il ressent... A vrai dire, ce que le professeur Barbu nous a raconté m'a beaucoup tourmentée, car j'ai moi aussi une sœur jumelle.

— Quoi ? s'exclama Mandragore, abasourdi. Tu as une jumelle ?

Brin-d'Osier jugea inutile de poursuivre la discussion sur ce sujet.

— Très bien, c'est décidé, dit-il d'un ton peu enthousiaste. On accepte le pari.

Et, ouvrant la marche, il se remit en route. La bande de Viking les attendait sous l'orme.

— Alors, qu'avez-vous décidé ? demanda Viking avec impatience dès qu'il vit apparaître Brin-d'Osier.

— Nous acceptons. C'est pour quand ?

— Vous connaissez le grand châtaignier au bord du ruisseau, dit Jojo. Rencontrons-nous là-bas à la nouvelle lune dès le début des travaux pratiques du cours de science et sport. D'accord ?

— Entendu, on fait comme ça, répondit Brin-d'Osier en hochant la tête.

— Bravo ! s'écria Viking. Vous avez pris une décision digne de chats. Merci !

Et avec un rire gai, il s'approcha de Brin-d'Osier et frotta son museau contre le sien. Du coup, ce dernier se dit qu'il ne fallait pas se fier aux premières impressions. Viking n'était pas si mauvais que ça, après tout !

Mais Lynx, de son côté, observait Brin-d'Osier et Viking avec inquiétude. Manifestement, l'idée de ce pari ne lui plaisait pas beaucoup. Quant à Jojo, un léger sourire aux lèvres, il regardait avec attention la pierre de cristal accrochée au cou de Mandragore. En lui jetant un regard perçant, Mandragore grommela pour lui-même : « Oh, celui-là ! On ne sait jamais ce qu'il pense ! »

EN ROUTE POUR LA GROTTE DE CRISTAL

Il faisait noir comme dans un four. C'était la nouvelle lune. Et, pour tout arranger, le ciel était couvert de nuages. De l'autre côté du ruisseau, la silhouette du châtaignier se profilait vaguement.

— C'est toi, Brin ? demanda Viking. Viens vite !

La bande de Viking était déjà sur place. Bien sûr, en tant qu'élèves de la classe des Chats sauvages, ils étaient experts en escalade de collines. C'est vrai aussi qu'ils n'avaient guère le choix s'ils voulaient survivre sous la direction du professeur Ultra. Mot-d'Amour et Mandragore ne tardèrent pas à les rejoindre.

— En route ! La nuit risque d'être longue...

Brin-d'Osier prit la tête de la petite troupe, Jojo fermant la marche. Ils avançaient à la queue leu leu, urinant de-ci de-là, se frottant contre les troncs d'arbre pour marquer leur chemin. Personne n'émettait le moindre miaulement. A mesure que le moment fatidique approchait, tous se sentaient de plus en plus tendus et inquiets.

Ils arrivèrent enfin dans la clairière où se dressait le chêne sacré. Brin-d'Osier s'avança vers le gros rocher et souleva les branches d'un arbrisseau. L'entrée de la grotte leur apparut, pareille à une gueule noire grande ouverte, mais juste assez large pour laisser passer un chat. Les oreilles aux aguets, ils perçurent le sifflement du vent provenant des entrailles de la caverne. Tous ravalèrent leur salive.

— Comment allons-nous procéder ? demanda Brin-d'Osier. Quelle équipe passe en premier ?

— Nous entrons les premiers et nous laissons une preuve de notre passage, répondit Viking. Ensuite, c'est votre tour. Si vous trouvez notre marque et que vous ressortez, vous êtes déclarés vainqueurs.

Jojo ne broncha pas, mais Lynx protesta.

— Non ! lança-t-il d'une voix énervée. Ce n'est pas à notre avantage. C'est nous qui entrons dans la grotte en dernier, et si nous ressortons après avoir vu la marque qu'ils ont laissée, nous avons gagné.

— Pas question, objecta Viking fermement. Comme c'est nous qui avons proposé ce pari, c'est plus juste de faire comme j'ai dit. Qu'en pensez-vous ? ajouta-t-il en se tournant vers Brin-d'Osier.

Jojo, indifférent à la discussion, gardait le silence, le regard fixé sur l'entrée de la grotte.

— Faites comme vous voulez, dit Mandragore, fanfaron.

Brin-d'Osier se creusait toujours les méninges pour trouver un moyen de convaincre ses camarades de renoncer au défi.

— Très bien, dans ce cas, on y va en premier, dit Viking.

Et il s'avança vers l'entrée de la grotte.

— Attendez ! Il faut quand même que je vous dise quelque chose, commença Brin-d'Osier avec précaution. De toute façon, vous allez bientôt vous en apercevoir. Le Chat Noir est enfermé dans cette grotte. Et il est très dangereux.

Avec un peu de chance, la bande de Viking prendrait peur et déclarerait forfait, pensait-il...

— Le Chat Noir ? répétèrent Viking et Lynx, les yeux écarquillés.

— Oui, c'est le roi des ombres. Nous ne l'avons jamais vu. Nous avons seulement entendu dire qu'il était prisonnier, mais qu'il restait très dangereux. Il est impossible de prévoir ce que nous allons trouver dans cette grotte. Mais il n'est pas trop tard. Si vous préférez abandonner, dites-le tout de suite. Personne ne vous en voudra. Quant au pari, on peut le remplacer par autre chose.

Il regarda ses camarades tour à tour.

— Ça m'est égal de mourir, répondit Viking, l'air déterminé. Si c'est dangereux, c'est encore mieux pour nous mettre à l'épreuve. Sinon, où serait l'intérêt ?

— Viking, tu commences à me plaire, dit Mandragore en lui donnant deux tapes amicales sur l'épaule.

— S'il faut y aller, dépêchons-nous, s'écria Jojo avec impatience.

Viking, le premier, pénétra dans la grotte. Jojo poussa devant lui Lynx qui, toujours hésitant, traînait les pattes.

Brin-d'Osier les suivit un moment d'un regard inquiet. La bande de Viking disparut bientôt de sa vue. Il s'approcha de l'entrée et cria vers l'intérieur de la grotte :

— Viking, s'il arrive quelque chose, appelle-nous ! N'essaie pas de sauver la face à tout prix ! Ou alors, revenez sur vos pas !

— D'accord, à bientôt... ooh... ooh... ooh...

La réponse de Viking résonna comme un écho dans les profondeurs de la caverne. C'est alors que Brin-d'Osier crut entendre, mêlé à sa voix, un long gémissement :

Ouh... ouh... ouh...

Ses poils se hérissèrent.

Que va-t-il se passer dans la Grotte de Cristal ?
Qu'arrivera-t-il à Minjun et Mori ?

Retrouvez les aventures de Brin-d'Osier
dans le tome 2 de *l'Ecole des Chats* :

LE DON DE MAGIE

Achevé d'imprimer dans l'Union européenne
Dépôt légal : octobre 2005